陷阱与突破

财务共享数智化系列

用友网络科技股份有限公司 著

财务共享实战指南

图书在版编目（CIP）数据

陷阱与突破：财务共享实战指南／用友网络科技股份有限公司著. -- 上海：立信会计出版社，2024.8.
（财务共享数智化系列）. -- ISBN 978-7-5429-7684-0

Ⅰ．F232-62

中国国家版本馆CIP数据核字第2024F7B373号

策划编辑　王艳丽
责任编辑　王艳丽
美术编辑　吴博闻

陷阱与突破：财务共享实战指南
XIANJING YU TUPO CAIWU GONGXIANG SHIZHAN ZHINAN

出版发行	立信会计出版社		
地　　址	上海市中山西路2230号	邮政编码	200235
电　　话	(021)64411389	传　真	(021)64411325
网　　址	www.lixinaph.com	电子邮箱	lixinaph2019@126.com
网上书店	http://lixin.jd.com		http://lxkjcbs.tmall.com
经　　销	各地新华书店		
印　　刷	上海颛辉印刷厂有限公司		
开　　本	710毫米×1000毫米	1/16	
印　　张	15.75	插　页	4
字　　数	220千字		
版　　次	2024年8月第1版		
印　　次	2024年8月第1次		
书　　号	ISBN 978-7-5429-7684-0/F		
定　　价	78.00元		

如有印订差错，请与本社联系调换

编委会

战略顾问
杜 宇

主 任
付建华 金 晔

副主任
李 凯 胡文杰 唐 懿

编 委
（排名不分先后）
池蓬伟 李 建 李 莹 刘 肖
吉培尧 杜仁杰 何秀勤 苏景春
张 锐 郑丹蕊 赵海军 胡庆星
姬传涛 唐 勇 李春影 黄晓峰
矫东航 范华驰

序 1

财务共享模式是全球财务与会计业务创新的一个重要方面,其在中国的发展历程也已近二十年。回顾其历程,我们可以清晰地看到国家对于财务共享模式的重视与推动。2011年7月26日,国务院国有资产监督管理委员会发布《关于加强中央企业财务信息化工作的通知》(国资发评价〔2011〕99号),明确提出了对国有企业和中央企业建设财务共享模式的具体要求。此后,众多国有企业和民营企业积极探索和建设符合自身特点的财务共享模式。由于不同企业在规模和结构等方面存在的差异,且财务共享模式在技术与实践的推动下不断演进,对于每个企业来说,财务共享模式建设都是一次全新的学习和独特的探索过程。那么,如何能够在其他企业各具特色的实践中博采众长,找到适合自身企业的正确路径?如何能够坚实而高效地推进这一进程,避免走弯路,甚至掉入陷阱?这些都是众多正在计划构建或升级财务共享模式的企业主管们所深切关注的问题。

市面上关于财务共享的书籍已有不少,但企业实务界更需要一本实战性强的图书。《陷阱与突破:财务共享实战指南》正是这样一本定位精准的实战手册,它紧密结合企业的真实业务场景,深入剖析让企业痛彻心扉的问题。该书关注矛盾与冲突,总结难点与陷阱,并深刻分析其背后的本质原因,为读者厘清了这些难点与陷阱的解决之道。无论是探讨"财务共享的本质和建设的主线究竟为何",还是解答"如何快速高效地发挥财务共享模式的价值",抑或是分享"哪些经验教训值得吸取，以避开弯路"，本书都提供了宝贵的建议与指导。

用友网络科技股份有限公司自2008年起便致力于为大型企业集团提供财务共享服务软件及专业服务，其客户数量在企业软件厂商中稳居前列，至今已累计助力700余家大型企业集团成功构建并运营财务共享服务中心。本书内容皆源自用友网络科技股份有限公司智能会计团队在财务共享领域多年深耕的实践经验，我们旨在将这些宝贵经验加以总结，并分享给更多实务界的需求者。在财务共享模式已成为大型企业集团普及化推广应用的今天，我们衷心希望本书能够助力更多企业成功实现财务共享服务中心的建设与运营。

王文京

（用友网络科技股份有限公司董事长兼CEO）

2024年2月

序 2

近年来,中国企业日益重视内部管理能力的提升,持续加大对管理系统升级与优化的投入力度,使得财务共享服务中心的建设呈现出如火如荼、迅猛发展的趋势。这个显著趋势的一个重要推动力来自企业高层管理者们的一项越来越清晰的共识。他们愈发认识到,财务共享模式,尤其是基于新一代信息技术的"升级版"财务共享模式,是构建高效、一流企业财务管理体系的关键环节之一。此外,财政部多次发文,如《企业会计信息化工作规范》《关于全面推进管理会计体系建设的指导意见》《会计信息化发展规划(2021—2025年)》等意见和规范都对企业财务管理体系、财务信息化以及财务共享模式建设提出了具体指导意见和要求。标杆企业前沿实践的示范效应,以及财务软件和管理系统供应厂商的产品迭代等因素,共同推动了这一趋势的快速发展。

虽然业界对财务共享模式建设的必要性和重要性已无太大争议,但在实践探索和实务操作过程中,许多企业高层管理者仍面临诸多具体障碍和挑战,存在不少问题和困惑。这些挑战并非源于对财务共享模式的基本原则、标准方法论或标杆实践的理解不足,而是源于如何将这些一般原理与方法论灵活、有针对性地应用于特定企业管理情境。换言之,财务共享模式建设的成效除了与一些普适性条件有关,还与企业的管理水平密切相关。因此,中国企业在推进财务共享模式建设时,需深思并探索以下关键问题:一是如何根据企业的实际情况、经营特点、管理水平和战略目标等个性化因素,科学规划、有效建设和高效运营财务共享服务中心；二是如何真正发挥财务共享服务中心对企业管理能力的促进和提升作用——既要讲一般性原则，也绝不能忽视组织个性化维度和系统的整体匹配性。

　　以上概念性框架主要强调了财务共享模式的适用性，并因此引发了以下两个具体问题：首先，在财务共享模式建设的实践中存在哪些关键的风险点？这些需要重点关注的风险点往往与企业某些个性化因素紧密相连。其次，针对财务共享模式的规划、建设与运营，如何有效地防范和规避这些风险，成功跨越这些陷阱，进而实现整体管理能力和绩效的突破？这一跨越和突破的过程同样需要"因情施策"，即充分考虑企业的个性化因素。整体来看，这两个问题既相辅相成，又共为一体。前者以"知"为纲，侧重问题的诊断与分析；后者则以"行"为本，侧重提出解决策略与方案。本书最显著的特点就是从财务共享模式的适用性角度出发，围绕管理者对陷阱的"知"和实现突破的"行"这两条主线，为企业的创新实践探索提供了具有高度可操作性的参考意见与建议。

　　本书的编写团队长期为企业提供专业服务，在财务信息化和财务共享服务咨询等领域具有多年积累的丰富经验。同时，从实践的摸爬滚打中他们也总结和提炼了各类型企业在财务共享模式建设和管理变革过程中的成败得失。本书正是这些探索和努力的一项成果，非常值得一读。

陈　磊

（北京大学光华管理学院会计系教授）

2024年2月

序 3

对于大型企业集团的经营管理而言，财务管理无疑是企业运营的核心环节之一。在财务管理中，财务部门迫切需要通过职能转型来支持业务发展。因此，大型企业集团需要引入财务共享模式，利用财务共享模式推动企业财务转型。目前，财务共享服务中心建设已经逐渐成为一种共识。然而，在推进财务共享服务中心建设的过程中，许多企业会遇到诸多问题和陷阱。这要求企业管理者和财务管理人员具备一定的专业知识和经验，以便成功地突破这些陷阱。因此，我非常推荐大家阅读《陷阱与突破：财务共享实战指南》。对于企业来说，本书的价值在于为我们提供了一个全面的视角，帮助我们更好地理解财务共享模式的核心要点，掌握有效的实践方法，并规避常见的陷阱和误区。

这本书由用友网络科技股份有限公司编著，是国内首部针对财务共享模式建设的实战指南手册。本书通过总结多年的实践经验，深入浅出地介绍了财务共享模式的概念、意义、实施过程以及需要注意的问题。特别是在陷阱与突破部分，作者列举了大量真实案例，并通过案例分析的方式帮助读者更好地理解财务共享服务中心建设和运营中的难点和痛点，同时提供了实用的解决方案和突破方法。我郑重推荐此书，相信该书将成为财务管理领域的重要参考和指导。

吴浩江

（保利物业服务股份有限公司财务共享服务中心项目负责人）

2024 年 3 月

前　言

在数字化、信息化的浪潮中，随着大型企业集团建设财务共享服务中心成功实践的不断涌现，财务共享模式的应用作为现代企业推动财务管理变革的重要一环，正逐渐成为众多企业优化财务流程、提升管理效率的关键举措。然而，任何变革都伴随着挑战与风险，财务共享服务中心的建设和运营过程也不例外。

正在筹建财务共享服务中心的企业管理者们总会被许多问题所困扰："优秀的大型企业都在建设财务共享服务中心，我们是否也应该跟进？""咨询规划看似高大上，但实际落地过程中为何会遇到这么多问题，该如何解决？""在财务共享实施过程中，我们需要注意什么，如何避免走弯路？""宣传中的那些系统工具真的有效吗？""财务共享服务中心在运营期间需要做哪些事情？""财务共享服务中心建成后如何持续提升服务能力？"他们亟需找到答案。

目前，用友网络科技股份有限公司（以下简称用友）已经成功承建了超过700家财务共享服务中心。在建设和服务过程中，我们发现每一家企业都有其独特性，每个财务共享服务中心的建设过程中都会遭遇不同的挑战：要通盘考虑如何应对来自共享模式、组织形态、企业文化、业务特点以及系统环境等方面存在的差异，同时还需要在时间、成本、规模、人才等约束条件下找到平衡点。这些是每个企业都需要面对并解决的难题。

毋庸置疑，财务共享模式在一定程度上确实具备可复制性，然而，企业只有建设真正符合自身需求的财务共享服务中心，才能有效推动财务管理转型，并实现价值的持续输出。用友专家团队基于其在项目实施中的丰富经验，精心总结与提炼，撰写了《陷阱与突破：财务共享实战指南》一书。本书旨在为企业和财务管理者提供一份实用、全面的操作指南，帮助他们在财务共享服务中心的建设与实施过程中精准识别并规避潜在的风险和陷阱，少走弯路。

本书内容既涵盖了财务共享服务中心的基本概念、发展历程及其在现代企业中的重要作用，深入剖析了财务共享服务中心的规划、实施及运营过程中可能遇到的各种问题与挑战，并通过丰富的案例分析和实践总结，为读者提供了一系列切实可行的解决方案和应对策略。

在撰写过程中，我们力求确保内容的客观性、实用性和前瞻性，旨在帮助读者深入理解财务共享模式的本质和内涵，掌握关键技术和实施方法，从而为企业创造更大的价值。同时，我们也希望本书能成为财务共享服务领域的一本重要参考书，为那些正在或即将进行财务共享服务中心建设的企业和人员提供有益的借鉴和启示。

衷心感谢保利物业服务股份有限公司财务共享服务中心负责人吴浩江先生、中国飞鹤有限公司助理副总裁董岩先生、中国旅游集团中免股份有限公司财务共享服务中心主任唐江武先生、江苏省环保集团总经理助理陆军先生在本书编撰过程中提供的专业建议。

未来，我们期待能够与更多的企业和人员共同探讨财务共享模式的发展与应用，共同推动企业财务管理的进步与革新。

在财务共享发展的道路上，让我们携手并进，共创美好未来！

本书编委会

2024 年 1 月

目 录

第一章 财务共享服务中心整体建设概述 ········· 001
- 第一节 支撑财务转型的三个关键模式 ········· 002
- 第二节 财务共享服务中心建设的五大成功要素 ········· 007
- 第三节 财务共享服务中心建设的六条经验 ········· 013
- 第四节 财务共享服务中心建设项目管理的九大难点 ········· 017
- 第五节 财务共享服务中心建设项目的沟通机制 ········· 029
- 第六节 财务共享服务中心建设项目的团队搭建 ········· 036

第二章 咨询规划期的核心陷阱及预防措施 ········· 045
- 第一节 财务共享服务中心组织架构设计 ········· 046
- 第二节 财务共享服务中心对上市监管法规的遵从 ········· 056
- 第三节 财务共享服务中心标准化体系设计 ········· 060
- 第四节 财务共享服务中心组织人员规划 ········· 072
- 第五节 财务共享模式下企业财务团队建设策略 ········· 078
- 第六节 财务共享模式与平台规划的核心要素 ········· 085
- 第七节 财务共享平台及周边系统选型策略和关注点 ········· 092

第三章 项目建设期的核心陷阱及预防措施 ········· 103
- 第一节 财务共享服务中心实施策略的选择 ········· 104
- 第二节 财务共享流程设计关键问题、设计思路及实践应用 ········· 110

第三节　表单设计面临的主要问题及解决策略 …………… 117
　　第四节　系统集成面临的挑战及即配即用设计思路 ………… 128
　　第五节　支撑数智提效的数字员工适配场景 ………………… 134
　　第六节　财务共享服务中心提供数据服务的有效措施及方法
　　　　　　………………………………………………………… 142

第四章　持续运营期的卓越运营体系建设 ……………………… 153
　　第一节　财务共享服务中心的服务管理 …………………… 154
　　第二节　财务共享服务中心的质量管理 …………………… 163
　　第三节　财务共享服务中心的知识管理 …………………… 169
　　第四节　财务共享服务中心的人员管理 …………………… 179
　　第五节　财务共享服务中心的绩效管理 …………………… 187

附录一　关于加强中央企业财务信息化工作的通知 …………… 196

附录二　财政部关于印发《企业会计信息化工作规范》的通知 …… 201

附录三　财政部关于全面推进管理会计体系建设的指导意见 …… 209

附录四　关于印发《会计信息化发展规划(2021—2025年)》的通知
　　　　　………………………………………………………… 215

附录五　关于中央企业加快建设世界一流财务管理体系的指导意见
　　　　　………………………………………………………… 226

第一章

财务共享服务中心整体建设概述

第一节　支撑财务转型的三个关键模式

随着近年来财务共享模式在中国各大集团型企业中的广泛应用，企业对于财务共享服务中心建设的诉求已经发生了变化——从早些年构建"降本增效型财务"转变为现在更侧重于构建"价值创造型财务"。单纯的财务共享服务中心建设并不困难，但如何让财务共享服务中心建设推动企业财务职能转型，确保企业行稳致远，一直是业界在深度思考的课题。本节将分别从财务工作模式、人才管理模式、持续优化模式三个方面对这一课题进行解读。

一、财务工作模式：找准目标，齐头并进

很多企业在财务共享模式建设之初都迫切地希望通过建立财务共享服务中心来解决企业财务工作中的各种问题，并实现财务管理价值的转型。然而，在建设过程中，企业往往过于关注财务共享服务中心的搭建过程和内容，却容易忽视转型为业务财务的这部分人员的工作方向。因此，在财务共享服务中心建立后，企业虽然可以明显感受到财务核算效率及财务管控力度上的跨越式提升，但却难以直观地看到其对财务管理工作的促进效果，甚至很多企业会对财务共享服务中心建设的价值与意义质疑。所以，在构建财务共享模式的过程中，企业既要精心策划并打造贴合企业实际的财务共享机制，又要探索全面兼顾的价值型财务管理工作模式。

以国内著名的科技型制造企业 L 公司为例,其价值型财务管理工作的重点是通过财务视角进一步优化企业研发与营销这两大业务环节。基于这一核心目标,L 公司在财务共享服务中心成立之初就明确了业务财务的工作内容和职责要求。以营销条线业务财务工作内容为例,L 公司安排相关财务人员深入学习,了解营销工作的各项细节,熟悉销售返利、广告投入与销售量测算等核心业务场景,并针对各核心业务场景,分别明确财务管理重点,设计财务测算模型。同时,业务财务人员将所需数据内容及数据源头反馈至财务共享服务中心,要求其在业务处理过程中精准获取相关数据,以支撑相关模型的测算。

通过实施上述有效措施,L 公司成功突破了其他企业建立财务共享服务中心后常遇到的财务管理水平提升不明显的困境。这背后的原因在于,L 公司在财务共享服务中心建设初期就明确了财务管理工作的责任主体与执行策略,从而最大化地利用并转化了财务共享服务中心建设带来的两大成果,进而推动了财务管理工作的顺利转型。具体来说,一方面,L 公司成功释放了原本被烦琐核算工作所束缚的财务人员,使他们能够专注于更高层次的财务管理工作;另一方面,L 公司充分利用了财务共享模式下按照管理和决策需求生成的及时、准确且精细的数据。这些举措共同为 L 公司的财务管理转型奠定了坚实的基础。

二、人才管理模式:以人为本,因才施用

现代企业管理工作的核心之一是对人才进行合理使用并最大化挖掘其价值。这一观点在财务工作中体现得尤为明显。企业的财务共享服务中心建设,改变了传统财务工作模式下财务人员业务能力"全而不精"的现象,实现了财务工作的专业化分工,对财务人员的业务能力进行分类侧重培养,并为他们提供了专门的成长路径。然而,很多企业在这方面容易陷入人才使用的误区,导致企业的财务管理水平未能通过财务共享服务中心建设实现显著提高。例如,企业在构建财务共享服

务中心后,通常会将财务组织划分为战略财务、业务财务和共享财务三大职能组织。为了确保战略财务和业务财务在财务管理中的专业价值得以充分体现,企业应当优先考虑将高素养的财务人员分配给这两个职能组织。然而,实际情况却并非如此。为了加速财务共享服务中心的建设和保障其顺畅运营,不少企业可能会将高素养的财务人员长期分配到共享服务中心,使其长期从事标准化的基础性财务核算工作。这种做法往往导致业务财务组织因人才匮乏而陷入"真空"状态,进而使得这些人才的专业能力和价值无法得到充分发挥,业务财务的职能也未能有效履行。

下面以财务共享模式运作成熟的 B 公司为例,说明财务人员在财务共享服务中心建设的不同时期应有不同的岗位安排。

(一)财务共享服务中心建设期财务人员岗位设计

在这个阶段,B 公司综合考虑整个集团的实际情况和各下属公司的业务特点,挑选了约 50% 的财务核心骨干人员进入财务共享服务中心开展工作,以确保财务共享服务中心的顺利落地和高效运作。与此同时,B 公司把剩余的财务骨干填补到新增的业务财务岗位,充分发挥他们熟悉业务的优势,使其成为企业业务部门与财务共享服务中心之间的坚实桥梁,以促进部门之间的顺畅沟通和有效协作。

(二)财务共享服务中心运营期财务人员岗位设计

在财务共享服务中心持续运营阶段,B 公司对于财务人才的管理策略进行了进一步调整,细化了对从事业务财务工作人员的能力素养方面要求。具体要求如下:

(1)具备良好的沟通能力与技巧,能够与业务人员形成良好的沟通与互动模式。

(2)熟悉企业的经营价值链条,能够从财务层面对业务各环节运行的结果进行清晰反馈。

(3)逻辑思维缜密,能够针对复杂的业务场景快速建立财务分析模型。

B公司在财务共享服务中心中对具备以上要求的人才进行了筛选与评估，并鼓励人才转型，逐步充实业务财务团队。在企业扩张发展的过程中，财务共享服务中心常年保持一定的流动率，不断为业务财务团队输送新鲜血液，使得财务共享服务中心真正成为企业财务人才的孵化器。

三、持续优化模式：持之以恒，稳中求变

罗马的建成非一日之功，同样，基于财务共享模式的财务转型工作也非一蹴而就的易事。虽然随着信息技术的不断革新和企业在财务共享服务中心建设方面的经验累积，"弯道超车"式的建设模式已然实现，但关键成果的达成仍需建立在"体系化"扎实推进的基础之上。

业财高度融合是企业财务管理成功转型的核心标志之一，这也意味着财务工作成果能够直接为业务经营创造价值。然而，在通过业财深度融合方式推动财务转型的过程中，部分企业在业务环境发生变化时，由于缺乏灵活应对变化的措施与机制，其财务共享服务中心建设容易陷入"虎头蛇尾"的困境，从而使得其财务共享模式难以支撑业务经营的高速发展。

以从事能源行业的大型企业W公司为例，近年来，随着国家政策的调整和能源行业的多轮产业升级，W公司的业务运作模式也历经多次调整。在此过程中，W公司的财务共享服务中心经历了从无到有、从上线运行到成熟运营的各个阶段。尽管业务经营模式不断变化，但W公司借助财务共享模式所开启的财务转型之路却愈发顺畅，业务模式的多轮调整反而为其财务转型提供了宝贵的实践机会。深入分析其成功的原因，主要集中在以下三点。

（一）站在财务角度要求业务，站在业务角度塑造财务

面对业务模式的每一次调整，W公司的财务共享服务中心始终树立"主人翁"意识，积极参与到业务变革之中。当W公司提出改变产成

品运输方式时,财务共享服务中心迅速响应,主动将 W 公司原先自行运输模式下不同产品的运输成本及时、准确地反馈给各经营单元,并在公司经营办公会上提出"以第三方运输成本为基准,适度下调运输成本,以此助力公司利润的二次增长"的建议。

(二)业财流程再造是业务部门和财务部门共同的职责

业务模式的调整往往伴随着业财流程的梳理与再造。为了防范"各扫门前雪"的本位主义导致的业财断点问题,在面临此类情况时,W 公司的财务共享服务中心会主动牵头,协同各业务部门,统筹兼顾,全面考虑,对流程进行细致的梳理与再造。此外,财务共享服务中心还会定期回顾各流程的运行效率,一旦发现流程中存在效率过低的环节,便会迅速联合业务部门进行"回头看"式的业务流程诊断,精准剖析问题根源,并提出针对性的改善措施,以确保业财流程持续顺畅与高效。

(三)重视数智化建设投入,在持续投入中追寻财务转型价值

数智化建设是企业追求管理效率提升和商业模式创新的重要途径。在构建财务共享服务中心的过程中,W 公司不断加大对数智化建设的投入。这一举措显著提升了 W 公司的管理效率,而且在企业业务收入持续增长的情况下,财务工作总成本不升反降。同时,W 公司在业务数据提供能力方面也实现了大幅提升。以 W 公司在财务共享平台中新增的智能结账模块为例,该模块成功地将原本需要财务人员手动检查的结账工作交由系统来完成,显著提升了每月结账的效率。

四、小结

企业财务管理转型应聚焦财务工作模式、人才管理模式及持续优化模式三个方面,确立清晰目标,设计合理的财务共享模式,统筹推进价值型财务管理变革,以强化核算与管控效能;坚持以人为本,善用人才,避免人才配置误区,确保财务共享服务中心与业务紧密融合;体系化推进财务共享模式落地,灵活应对业务环境变化,支持业务快速发

展。W公司的转型实践显示,只有坚守这些原则,企业才能成功转型并创造更大的价值。

第二节　财务共享服务中心建设的五大成功要素

随着全球经济的迅猛发展和市场竞争的不断加剧,企业亟须提升财务服务的有效性以增强竞争力。在此背景下,财务共享模式已逐渐成为现代企业运营中不可或缺的一部分。然而,国内部分企业对财务共享模式的理解仅停留在核算、费控、资金归集等基础层面,简单地将财务共享平台建设等同于信息系统的引入,未能深刻认识到财务转型所带来的财务管理变革。在推进财务共享服务中心建设的过程中,企业容易陷入"认知陷阱""方向陷阱""服务陷阱""台账陷阱"和"模式陷阱"等误区。为避免这些陷阱,本节将深入剖析五大成功要素,旨在引导企业正确理解财务共享模式的核心价值,推动财务共享服务中心的健康发展,从而为企业带来更为显著的效益和竞争力的提升。

一、成功要素一:规避"认知陷阱"

众所周知,财务共享模式旨在彻底改变财务人员传统的工作方式和工作习惯,因此,企业的首要任务是转变员工的观念。在此过程中,最大的问题便是"认知陷阱"。其主要表现包括:对新生事物的认识困难,缺乏主动了解新生事物的意愿,以及改变原有习惯所带来的"不舒服"感引发的对变革难以接受等问题。这使得员工常常会经历"看不到""看不清""看不起""看不懂""来不及"等曲折的心理过程。在变革初期,由于过去的工作习惯、固有经验的影响以及对困难的畏惧,员工难免会产生焦虑情绪,甚至对变革产生反感与抵触心理。

那么,如何规避"认知陷阱"呢?众多企业集团的财务共享服务中心实践案例证明,让员工改变过去的财务工作认知、养成新习惯不可能一蹴而就。若单纯依赖强制的政治手段推行财务管理变革,虽然在短期内可能产生"立竿见影"的显著效果,但这种方式容易引发员工的人事动荡,甚至导致关键岗位的人才流失。为了确保财务管理变革的成功,首先,企业高层领导团队,特别是企业"一把手"必须坚定支持与引领变革。其次,管理者需要持续向全体员工传递新的管理思想,通过加强与员工的沟通和交流,增进彼此的理解与信任。最后,企业应通过持续的培训提升员工的专业素养与适应能力,并为他们减轻负担、缓解压力,帮助他们克服变革中遇到的困难与挑战,稳定情绪。只有这样,员工才能以更加积极、主动的态度应对和推动财务管理变革。

以国内某交通投资集团财务共享服务中心建设为例,在建设初期,部分员工存在认识误区,他们认为财务共享服务中心的建设会降低工作效率。例如,有员工反馈,过去一笔付款业务只需企业领导审批即可入账,而现在却需要财务共享服务中心按标准和流程审核通过才能入账,前后相比,他们认为工作效率明显降低。然而,这实则是员工因不愿改变原有工作习惯、不愿接受财务共享服务中心这个新生事物而产生的认知误区。面对员工的认知误区,该集团采用了"整体规划,先试点再推广"的策略,分步推进,步步为营。他们首先在高速运营板块试点建设财务共享服务中心,树立样板后再逐步复制到其他板块,分期分批推广新模式,通过这种方式逐步影响并改变员工的认知。只有当员工亲身经历了从观望到了解、从认识到实践、从接受到主动求变的过程后,他们才会从内心出发,积极参与并推动财务管理变革。

二、成功要素二:规避"方向陷阱"

随着经营环境的不断变化,企业财务职能也在持续演变和发展。在这个过程中,战略财务、共享财务、业务财务和智能财务逐渐构成了企业财务职能的"四大支柱"。然而,面对财务共享模式下战略财务、共享财务、业务财务和智能财务所形成的"四分格局"新模式,部分传统财务人员在选择个人职业转型方向时,常感到迷茫和困惑,进而陷入"方向陷阱"难以自拔。究其根本原因,就在于他们对战略财务、共享财务、业务财务、智能财务的含义、职责边界以及相应的岗位技能要求不够了解,对自身能力的优势与不足缺乏准确认知,且往往习惯于原有的工作方式而不愿改变,所以出现自我转型的方向感"失灵"。

那么,如何规避"方向陷阱"呢?建议企业集团在引入财务共享模式后,从财务管理整体定位出发,将财务部门划分为基础层、执行层、控制层和决策层四个层级,同时,依据这四个层级分别构建财务管理架构、运行机制、能力模型、培养方案和职业发展路径等。

(一)基础层为智能财务

智能财务是企业财务职能的智能化领域。它以财务共享服务中心收集的数据为基础,运用大数据、人工智能、物联网、云计算等新技术、新工具,为企业经营管理赋能,推动企业向"敏经营""轻管理""易金融"和"简IT方向"转型。其基本职能定位是联接、赋能和创变,目标是为企业运营提供有力保障。

(二)执行层为共享财务

共享财务是企业财务职能的新兴领域。它主要是对企业内部的财务资源进行整合与共享,通过基础财务共享、业财共享以及数据共享,统一财务标准,规范财务服务,以确保服务的高质量、高效率和高满意度。其基本职能定位是集中、执行和服务,目标是实现高效满意的服务体验。

(三)控制层为业务财务

业务财务是企业财务职能的重要组成部分,其主要职责是确保企业的日常财务管理与业务运营顺利进行,为企业的经营决策提供支持和保障。业务财务向经营单位的研发、生产、供应、销售等业务前端纵向延伸,优化上、中、下游供应链效率,控制经营风险,服务业务,辅助管理,支持经营决策,促进业财融合。其基本职能定位是分散、控制和支持,目标是推动业务与财务的深度融合,为经营决策提供支持。

(四)决策层为战略财务

战略财务是企业财务职能的核心。它主要负责企业的战略规划和财务规划,以及对企业的财务状况进行深入分析和评估。战略财务的职责在于聚合人才、金融、数据等资源,实现产融互动,指导企业进行财务管理,管控财务风险,并为企业战略决策提供支持。其基本职能定位为聚合、指导和管控,目标是支撑企业战略决策,确保企业业务的稳健发展。

以国内某大型高速集团——S集团的财务共享服务中心建设为例,S集团财务部门首先根据财务人员的工作经验、能力特点和基本素质对财务人员进行分组,并定岗定编,随后在充分考虑人员综合素质和专业能力水平的基础上,尊重员工个人的兴趣和意愿,分期、分批引导他们向战略财务、业务财务、共享财务和智能财务方向转型。在完成财务共享服务中心建设后,S集团财务部门中5%的财务人员作为数智技术的支持者,主要承担智能财务的职责;30%的人员作为会计信息提报者,主要承担共享财务的职责;50%的财务人员则扮演业务合作伙伴的角色,主要承担业务财务的职责;15%的财务人员作为战略财务的支持者,主要承担战略财务的职责。

三、成功要素三:规避"服务陷阱"

财务共享模式最早起源于20世纪80年代的美国福特公司。欧美企业特别强调财务共享服务中心的服务职能,因此,我国部分企业在财务共享服务中心建设初期照搬欧美企业财务共享服务中心建设的"服务"概念,在设立财务共享服务中心时过度强调服务职能,弱化了管控要求,导致财务共享服务中心的组织地位过低,因而掉入了"服务陷阱"。

那么,如何规避"服务陷阱"呢?建议根据财务共享服务中心建设的不同阶段,企业集团为财务共享服务中心设定不同的组织定位。具体来说,在试点建设期,财务共享服务中心应隶属于集团财务部门,这样有利于集团财务部门利用管控职能发挥指导、统筹和综合协调的作用，夯实财务标准化和规范化基础。在推广建设期，财务共享服务中心可以与集团财务部门并列，以提升其权属地位，并强化其财务监督管控职能，使其逐步成为能够面向全集团提供财务服务的相对独立的财务组织。到了运营成熟期，财务共享服务中心可以发展成为独立性更强的事业部、分公司或法人公司。此时，财务共享服务中心应弱化管控职能，采用市场化运作机制，适当参与竞争，强化服务意识，并开拓财务外包业务，逐步向利润中心过渡。

以国内某大型企业集团财务共享服务中心建设为例，在试点建设期，试点区域的财务共享服务中心隶属于集团财务部，并由集团财务部全权主导建设项目的推进。其主要目标是进一步提升财务标准化水平，完善会计核算体系，并统一财务共享服务标准和流程。进入推广建设期后，财务共享服务中心与集团财务部平行，集团财务部将会计核算与监督工作全部移交给财务共享服务中心，其主要目标是提升其话语权和管控能力，以高效执行集团财务政策。到了持续运营期，财务共享服务中心注册为法人公司，采用内部市场化运作模式，开始对成员单位收取服务费用，弱化管控职能，强化服务职能。

四、成功要素四：规避"台账陷阱"

国内一些企业在进行财务共享平台建设时，试图利用能够登记基本信息的项目、合同、票据等各种台账系统来实现"端到端"的业务流程闭环。然而，在引入这些台账系统后，企业往往面临一系列问题：大量手工采集、统计和填报工作由谁来完成？业务部门愿意承担这些任务吗？（当然不愿意，因为台账对业务并没有实质上的帮助，业务部门并不需要它们）财务部门愿意接手吗？（同样也不愿意，因为台账会给它们增加大量工作）因此，业务部门和财务部门之间可能会出现相互推诿的情况，最终导致台账工作无人愿意承担，企业深陷"台账陷阱"无法自拔。

那么,如何规避"台账陷阱"呢?建议企业将财务共享服务流程再造分为两个阶段进行:首先,实现财务流程再造,推进业务全流程重构。具体来说,财务流程再造是从会计接受原始凭证的节点开始进行的流程梳理与优化,这是财务部门职责边界内力所能及的工作,变革阻力相对较小。在财务流程再造的过程中,企业应尽可能利用好应收管理、应付管理、项目管理、合同管理等专业系统的功能,减少对台账系统的依赖,发挥好专业系统作为专用工具的作用,更好地为企业的业务管理服务。其次,在财务流程再造完成之后,企业可以逐步开启第二阶段的业务全流程重构工作。对于已有系统,该升级完善的要进行升级完善;对于异构系统,该集成的要进行集成;对于缺失的系统,能新建的要进行新建。这样一来,企业就不再受台账系统的限制。

五、成功要素五:规避"模式陷阱"

财务共享平台是企业财务中台的重要构成部分。在财务共享服务中心建设过程中,企业往往需要面对选择何种数智化系统、采用何种数智化建设模式等难题。然而,许多企业在规划阶段并未深入思考这些问题,结果走了许多弯路,造成大量不必要的资源投入。

那么,如何规避"模式陷阱"呢?我们建议企业集团在推进财务共享服务中心建设时,积极探索多条路径,灵活运用多种技术工具,以从多个源头获取的多维度业财数据为基础,通过业财融合、领域融合、云融合、技术融合、异构融合等多种融合手段,推动传统财务共享平台向数字化、智能化财务共享平台转型升级。只有这样,企业才能有效规避"模式陷阱"带来的不利影响。

六、小结

为帮助企业集团规避在财务共享服务中心建设过程中可能遭遇

的"认知陷阱""方向陷阱""服务陷阱""台账陷阱"和"模式陷阱",我们结合众多大型企业集团开展财务共享服务中心建设的实践经验,详细阐述了财务共享服务中心建设时应对这五大陷阱的举措和方法,旨在为企业集团提供成功建设财务共享服务中心的理论借鉴和经验参考。

第三节 财务共享服务中心建设的六条经验

作为一场跨越组织、人力、流程、系统等众多领域的综合性变革项目,财务共享服务中心建设项目触及的业务范畴已远远超越传统财务的职能边界。企业集团在建设财务共享服务中心的过程中,需要得到多部门、各层级的协同配合,这无疑是对企业运营管理能力的一次重大考验。如果缺乏科学的管理制度及有效的推进手段,财务共享服务中心建设将很难取得真正的成功。本节将结合实践经验,梳理企业集团在财务共享服务中心建设过程中涉及的建设目标设定、企业执行力、软件服务商选择、人才培养、业务优先级和运营体系等各个方面的核心经验。

一、财务共享模式建设目标设定要合理

财务共享模式发展至今,早已超越了传统财务的职能边界。在财务共享服务中心筹备阶段,多数企业集团倾向于将"财务转型""业财一体""数据分析""数字化""智能化"等多元化目标纳入财务共享服务中心的建设范畴,这自然需要业务、财务、技术部门等多方的共同参与。然而,当一个信息化项目涉及跨单位、跨部门、跨业务领域的合作时,项目的实施难度往往会大幅上升。

虽然理想情况下公司领导层应直接负责项目管理,成立由业务、财务、技术等部门共同参与的项目团队,以此来提升项目成功率,但这种

情况在实际操作中并不多见。绝大部分企业集团会根据自身的实际情况，选择以财务部门或技术部门为主导，推动财务共享服务中心项目的建设。但这种选择往往导致一系列问题：尽管进行了项目规划，但规划方案往往难以应对快速变化的需求；在追求进度的过程中，财务共享服务中心可能带着未解决的问题上线运营；最终，这些问题很可能被归咎于软件系统的不足。

因此，在进行财务共享服务中心建设时，公司应聚焦主要目标，设定明确的"里程碑"，并按节奏稳步推进，过度追求"大而全"可能会使建设工作从一开始就步入歧途。

二、财务共享模式建设要有执行力

财务共享服务中心建设项目作为一场涉及企业多个部门、各个层级的协同配合工程，是对企业运营管理能力的一次严峻考验。若缺乏科学的管理制度及有效的推进手段，该项目将难以取得真正的成功。

尽管部分企业已制定了相关的管理制度，但执行力不足仍是一大障碍。在推进财务共享服务中心建设的过程中，企业遭遇困难时，往往倾向于依赖系统软件的变通处理来寻求"软着陆"的解决方案。究其原因，是企业对强势推进管理变革可能带来的潜在风险及不可控或负面影响心存顾虑。

财务共享服务中心建设无疑是一场深刻的变革，而变革总是伴随着风险。因此，主导该项目建设的负责人必须具备坚定的信念、无畏的勇气以及持续创新的精神。同时，他们还需善于进行向上管理，以确保获得自上而下的认可与支持，从而顺利推动项目的实施。

三、选择软件服务商要"擦亮眼"

财务共享服务中心建设项目的选型并非单纯挑选一个软件服务商，而是寻求一个能够与企业长期携手共进的合作伙伴。

系统建设是财务共享服务中心落地的关键支撑要素。因此,企业对软件服务商的选择至关重要,需要从建立长期合作伙伴关系的角度出发,对软件服务商所提供的产品和服务以及项目经验进行全面、细致的考核与研判。

企业在制定财务共享服务中心项目建设目标时,应避免过于激进,需要结合企业信息化现状进行综合考虑,分阶段设计实施路径,每个阶段应解决不同的需求和问题,稳扎稳打,逐步迭代。同时,企业对财务共享模式建设过程中可能会遇到的问题应提前制定预案。对于企业的文化、组织需求和管理变革等问题,企业内部应充分达成共识。在项目建设过程中,企业需要与软件服务商紧密配合,发挥各自优势,共同努力管控分歧,共同商讨最佳策略。

四、要注重培养复合型人才

企业财务共享服务中心建设所面临的一个显著现实问题是人才短缺。当前,多数企业在推进财务共享服务中心建设项目时遭遇的人员困境是:懂财务的人不懂业务,懂业务的人不懂技术,懂技术的人又缺乏财务、业务经验。

随着财务共享服务中心建设项目的推进,企业迫切需要从组织、岗位以及人员等多个维度进行立体化的转型。这意味着,企业需从集团战略的高度出发,构建数字化、智能化的业务统筹管理组织,从而摒弃过去那种"仅仅更换一套软件系统"的狭隘思维,真正实现财务共享的深层次变革。

因此,在推进财务共享服务中心建设的过程中,企业应当注重人才队伍的建设。具体而言,企业应逐步建立起一套新的人才"选、用、育、留"管理体系,旨在培养具备多元化技能的复合型人才,以适应财务共享模式的人才需求。同时,在后续的财务共享运营过程中,企业还应逐步建立人才培育基地,为共享财务、业财财务、战略财务岗位提供坚实的人才保障。

五、财务共享业务规划要有优先级

企业的财务共享服务中心建设工作涉及大量需要完成的事务。为了高效推进建设工作并确保最终效果,我们需要明确哪些事务应优先处理,以及如何妥善执行。

基于众多实践总结可见,在财务共享服务中心建设项目中,与顶层设计、整体规划、标准化等工作相比,财务共享平台及周边系统建设的工作量在整个项目实施过程中的占比普遍不到一半。然而,在项目建设的实际过程中,很多企业往往容易忽视顶层设计、整体规划,而直接追求系统上线时间。这种做法往往导致建设过程准备不充分,进而出现各种混乱。为规避这种混乱状态,确保项目建设工作的顺利开展和推进,我们结合相关实践及经验,总结了以下几项必要工作及其对应的优先级。

(1)顶层设计方案:规划三年、五年建设目标,并确保企业领导层在共享定位、观念认知、项目工作方法上达成一致。

(2)财务、人力、业务主数据标准化:建立和规范主数据管理标准及管理流程。

(3)业务流程再造:包括费用、税务、采购、销售、库存、资产、人力、资金等方面的流程优化和重构。

(4)组织设计与人员配置:明确财务共享服务中心的组织结构设计、岗位职责划分以及人员需求规划。

(5)系统建设:包括财务共享平台、周边系统建设及系统集成开发等。

(6)制度建设:包括财务制度优化、财务共享运营制度设计等。

此外,项目管理人员还需注意,若建设方案咨询方与软件服务方不是同一厂商,应重点关注咨询成果转换的问题,以防出现专业咨询团队所出具的咨询方案难以具体落地的情况。如条件允许,建议企业优先选择具备"咨询+落地"一体化交付能力的软件服务商。

六、卓越运营体系推动财务价值创造

企业在刚开始建设财务共享服务中心时，可能尚未全面深入地规划和构建运营体系。然而，其重要程度不容忽视，因为前期所有的工作都是为了实现财务共享服务中心的常态化平稳运营。

财务共享服务中心建成交付后，是否达成了企业的管理目标？财务共享平台的应用效果如何？这些问题都是企业管理层的核心关注点。因此，企业需要一套科学、有效的管理运营机制，以辅助财务共享服务中心稳步发展，达成其建设之初所制定的组织目标。

七、小结

在财务共享服务中心的建设项目中，方案设计阶段尤为关键，企业需精准设定建设目标，为项目整体实施奠定坚实基础。进入执行环节，企业必须着力强化项目团队的执行力，确保各项任务能够高效、有序地推进；同时，要审慎选择适配的软件服务商，以保障系统的稳定性和功能的完善性。在资源调配和项目推进上，企业应客观评估并合理划分各项事务的优先级与执行顺序，确保建设过程有条不紊，项目顺利进行。待财务共享服务中心建成后，企业应逐步构建一套先进且高效的运营体系，保障财务共享服务中心能够持续优化迭代，从而夯实财务管理能力，为财务数智化转型提供有力支撑。

第四节 财务共享服务中心建设项目管理的九大难点

财务共享服务中心的建设和运营是一个长期持续的变革项目，它受到企业自身经营特征、发展阶段、管理水平、信息化水平以及财务共享建设目标和诉求等诸多方面因素的影响。此外,不同的建设模式,如"独立咨询＋独立实施"模式、"咨询实施一体化"模式等,以及不同的系统构建模式,如"大报账"模式、"深度业财融合"模式等,均会使企业财务共享服务中心建设项目在不同阶段面临不同的问题和难点。这些因素可能导致项目选型、建设与目标之间出现偏差,甚至背道而驰,从而使得建设成效参差不齐：一些企业的财务共享服务中心取得了良好的运行效果,支撑了企业的高质量发展;而部分企业的财务共享服务中心则表现平平;极少数企业甚至以项目终止或失败告终。

本节全面梳理了财务共享服务中心项目规划与建设过程中常见的难点,并提供了切实有效的应对措施。这些措施有助于企业精准识别并评估自身所面临的问题与挑战,从而更有针对性地选择科学、合理的策略,确保项目顺利推进。

一、项目规划面临的难点及应对措施

在财务共享服务中心项目规划选型期间,企业面临的一个主要难点是过度追求极致。

在财务共享服务中心的论证和规划阶段,由于难以把控项目最终的可行性,以及项目是否会真正推进还存在较大的不确定性,相当一部分企业的财务共享服务中心规划或项目选型团队的成员主要由财务部门和信息部门抽调而来,他们组成的通常是一个非正式任命的临时团队。这些团队成员大多是兼职参与财务共享服务中心项目的研究论证和规划工作。由于这种团队具有范围小、临时性和相对松散的特点,他们对财务共享模式的理解往往还处于初级阶段。在进行项目论证和规划的过程中,由于团队正处于对财务共享模式的探索学习期,缺乏充足的理论和实践经验支撑,容易出现过度追求极致的现象。

(一)难点分析

极致追求的一个表现是设定过于理想化的目标定位。受乐观思维的影响,项目团队往往倾向于设计出偏向积极的规划方案和论证结果,并向决策链上的各个环节传递积极正向的反馈。这种倾向主要体现在追求方案大而全、建设短平快,期望项目能够快速实施、快速落地、快速见效。然而,这种追求往往忽视了对企业自身业务、财务、信息化现状和能力的精准判断,以及缺乏对跨部门协作、供应商能力、项目建设风险等的客观评估和论证。这种状况导致项目建设从一开始就难以达到预期效果,不得不在后续的建设阶段不断修正、调整,甚至可能导致项目以失败告终。

极致追求的另一个表现是进行极致的成本控制。选型团队在财务共享服务中心项目建设中缺乏对资源投入的科学合理测算,或者受企业一贯性的采购政策影响,过度追求低价格、低成本,而低成本可能带来供应商咨询实施服务质量的下降,进而对项目建设产生严重的不利影响。例如,某大型制造企业的招标制度要求必须是最低价中标,这种选型标准很可能导致能力不足的供应商被选中承接项目。这些供应商在项目执行过程中可能面临诸多困难,导致项目建设进展缓慢甚至停滞不前,最终企业可能不得不进行二次选型。这不仅增加了项目的时间和成本,还可能对项目的整体质量和效果产生负面影响。

(二) 应对措施

为了有效规避追求极致目标和极致成本带来的问题,企业可采取以下应对措施。

措施一:充分授权与宣贯。企业高层应对项目选型和论证团队进行充分授权,并下达明确的目标任务,以确保团队成员能够投入充足的时间参与项目的论证及规划。在项目论证和规划过程中,财务部门和信息部门需要高效协同共建,同时,前端业务部门和下属公司的充分参与也至关重要。因此,企业应通过全面的内部宣贯,确保业务部门和下属公司能够充分了解并配合论证和规划工作。

措施二:分阶段论证与对标。在进行项目论证和规划的过程中,企业选型团队正处于对财务共享模式的探索学习阶段。他们对财务共享模式的理解主要来源于如下几个方面：各种渠道的外部信息，如网络知识、外部培训；对行业、区域先行者的考察学习；财务共享咨询服务商、实施服务商的方案与案例的宣讲和交流；企业引入的具备财务共享服务中心建设和运营经验的人才所带来的知识体系导入等。然而，这些途径所传递的知识或多或少都存在局限性。因此，企业需要更加充分且合理地运用上述途径，并制定科学的论证要求和标准，以确保每个途径的研究和论证都能落到实处。其中，两个尤为行之有效的途径是：通过行业对标，企业能够充分把控当前企业财务共享服务中心建设的真实历程和效果；通过与供应商针对项目实施方案进行深入沟通，企业能够充分吸收外部企业的建设经验，并客观评估供应商的能力和资源。

二、项目建设面临的难点及应对措施

在项目建设落地期，企业面临的主要困境和难题涵盖以下七个方面共八个难点。

（一）高层领导不重视及其应对措施

1. 难点分析

普通的信息化项目通常被视为"一把手工程"，而涉及企业管理变革的财务共享服务中心建设项目更应当是由企业高层亲自"挂帅"的企业级项目。然而，在不少企业财务共享服务中心项目的推进过程中，高层领导的重视程度不足，对项目建设的关键环节参与甚少，甚至完全不参与。这导致财务共享服务中心建设项目往往被视为一个部门级项目，主要由财务部门人员推动，而高层的授权与支持不足，且财务部门与业务单元之间的沟通和协作也存在问题。在这样的背景下，项目建设往往面临三大难题：业务推进难，资源协调难，业务部门配合难。这些问题严重影响了项目的顺利进行和最终效果。

2. 应对措施

首先,应明确财务共享服务中心建设项目在所有企业项目中的重要性和优先级。其次,组建项目团队时,应明确指定企业高层领导担任项目领导小组组长,并为其设定清晰明确的职责和任务,确保其在项目建设过程中能够迅速应对重大问题、协调各方资源,并在企业层面推动业务与财务的紧密协作。只有这样,才能真正将"一把手工程"落到实处,保障项目的顺利推进和成功实施。

(二)咨询成果难落地及其应对措施

财务共享服务中心主要有两种主流的建设模式:"独立咨询+独立实施"模式以及咨询实施一体化模式。在这两种模式下,企业都可能面临咨询成果难以落地的困境。

1. 咨询实施一体模式面临的难点及其应对措施

1)难点分析

咨询实施一体化模式是指企业选择同一家供应商来同时负责财务共享服务中心的设计与落地实施。在这种模式下,企业往往会面临一些难点,如供应商的咨询能力可能相对有限,缺乏深厚的行业认知和丰富的实战经验,难以给出精准且符合业务要求的方案建议。此外,有时受系统标准功能的局限,供应商可能过分关注系统的落地实施,而忽视或有意调整业务方案,导致最终的业务方案无法完全契合企业的实际需求。这些难点都可能影响财务共享服务中心建设的成效。

2)应对措施

在选择咨询实施一体化模式时,企业需从多个方面进行综合考量。一方面,企业要明确咨询方案的核心目标是服务于财务共享服务中心的顺利落地,即咨询方案要贴合企业的实际业务需求。同时,企业要对供应商的咨询能力进行全面而深入的评估,包括对其咨询方法和工具的有效性、咨询经验的丰富程度、方案顾问的专业能力和成功案例的实际效果等多个维度进行细致考察。另一方面,企业还需充分论证供应商提供的财务共享平台的技术先进性、功能完整性和可扩展性。技术先进性是关键,它确保了平台能够灵活应对未来可能出现的技术变革和业务挑战;功能完整性则是基础,它不仅能够满足企业当前的业务需求,而且可以确保高标准业务方案能够准确无误地在财务共享平台上实现部署和落地;可扩展性则赋予了企业应对业务增长和变化的能力。

通过细致的筛选和评估,企业只有选择到既具备强大咨询能力,又拥有先进系统平台,且具有丰富实施经验的供应商,才能确保财务共享服务中心建设的顺利进行。

2. "独立咨询＋独立实施"模式面临的难点及其应对措施

1) 难点分析

"独立咨询＋独立实施"模式是指企业财务共享服务中心的咨询和实施分别由不同的供应商完成。在这种模式下,咨询公司更多是从企业战略角度出发进行财务数字化转型咨询,部分咨询公司对信息化领域的了解不够全面和深入。同时,在咨询阶段,由于尚未确定软件品牌和产品,咨询公司难以结合实际的软件系统来规划建设方案,导致咨询成果难以落地。在实施过程中,财务共享平台供应商需投入大量时间和精力进行咨询方案的知识转移以及软件产品的适配方案调整,且难以保证项目落地成果达到之前的设计要求。

2) 应对措施

企业如果选择将项目咨询与实施分开独立进行,那么需要从以下两个方面进行有效控制。

首先,实施咨询向后策略,即在咨询项目的服务范围中增加"项目实施监理"这一任务项。这一举措旨在确保咨询团队全程参与财务共享服务中心项目的建设,并与实施团队协同合作,进行咨询成果的知识转移和落地方案的调整与细化。这样做有助于确保财务共享服务中心的顺利构建和财务共享平台及相关系统建设的成功落地。

其次,推行实施向前策略。在咨询规划阶段,企业应提前引入财务共享平台实施供应商，并允许实施方的方案顾问提前进入咨询阶段。这样做的好处在于，实施方能够充分掌握咨询的过程和成果，并在咨询团队设计咨询方案时提供基于系统功能和实施层面的知识和体系输入。这种互动有助于确保咨询成果具备可落地性，从而提高项目实施的效率和成功率。

通过以上两方面的有效控制，企业能够更有效地协调咨询方与实施方之间的合作关系，从而确保财务共享服务中心项目的顺利推进和最终成功落地。

(三) 需求变更太频繁及其应对措施

1. 难点分析

在财务共享服务中心建设的系统功能详细设计、用户验收测试等关键阶段，企业关键用户会大量参与进来。然而，由于关键用户可能对项目目标和解决方案的理解不够充分，或者由于关键用户数量不足、能力有限，在用户验收测试阶段，关键用户会发现解决方案不足以满足业务需求，进而不断提出各种复杂的业务和功能需求。如果项目经理不能有效判断并控制这种需求，只是被动地通过不断修改项目方案来响应这些需求，那么将会出现方案反复修改、测试不断重复的现象。这会导致项目建设需求与前期规划产生较大偏差，最终可能导致项目延期、实施成本不断增加等问题。

2. 应对措施

需求变更是项目建设的常态，企业需要控制的不是所有需求变更都不能发生，而是要确保每一项被采纳的变更都是符合项目建设要求的合理需求。为确保对需求变更的有效管理，企业可从以下几个方面进行控制。

首先，团队资源保障。企业需协调安排足够的业务骨干参与项目建设工作，并采取切实措施确保他们拥有充足的时间参与需求调研、方案设计、用户验收测试等各项工作，以确保解决方案能够全面覆盖业务范围。

其次，项目培训保障。企业应通过充分的内部培训和知识传递确保业务骨干对项目目标、方案内容有充分的理解，并基于此进行详细方案设计和用户验收测试。只有这样，业务骨干提出的每项需求变更才能严格遵循项目目标和建设要求。

最后，变更控制保障。企业应制定严格的需求变更程序，定义变更管理的内容、流程和机制，在项目推进过程中严格审查所有变更请求，并管理可交付成果、组织过程资产、项目文件和项目管理整体计划的变更过程。

通过上述措施，企业能够更好地控制和管理需求变更，确保项目的顺利进行并最终成功落地。

在作出项目变更决策后，企业应采取以下步骤，以确保项目变更能够达到既定的效果。

（1）明确界定项目变更的目标。

（2）将项目变化实时反映到项目计划中。

（3）力求将项目变化引起的影响减小到最低程度。

（4）做好详细的项目变更记录。

（5）及时发布变更信息。

（四）业务协同太困难及其应对措施

1. 难点分析

一方面，由于企业未从高层统一思想认识，业务部门极有可能将财务共享服务中心项目视为财务部门独自承担的事务，认为业务部门只是在配合支持财务部门的工作。另一方面，财务共享服务中心项目建设与其他信息化项目建设相似，项目组的大多数成员并非全职参与项目建设，而各业务部门的配合人员更是在其本职工作之外新增了项目建设任务。这导致项目组在与各业务部门对接协作的过程中常常出现沟通不畅、协作效率低下等现象。

2. 应对措施

（1）实施"一把手工程"，由企业高层牵头推动，统一业务部门和财务部门的思想认识，让企业所有相关方认识到财务共享服务中心项目建设并非仅仅是财务部门的事务，而是涉及企业生产经营全过程的业务，需要业务部门与财务部门通力合作才能完成。

（2）从业务财务协同参与和权责匹配的角度出发，设计项目组织架构、组织职责和人员构成。同时，将项目建设成效列为相关部门及人员的经济责任制考核指标，以确保不同部门间的充分协作，从而确保项目能够按时保质完成。

（五）项目推进多阻力及其应对措施

1. 难点分析

财务共享服务中心项目涉及财务职责界面的重新切分、财务人员布局的调整、财务核算以及资金权限的调整等多个方面。在项目建设过程中，财务人员可能因对变革的担忧而产生抵触心理，消极应对变革，下属企业/业务单位则可能担心各项管理体系、流程和权限的变更会影响企业生产经营业务的正常进行。这些因素都容易导致各方面的配合度不足，进而使项目推进变得困难。

2. 应对措施

1）人员层面

在人员层面，企业应设计一套科学且可持续发展的财务人员发展体系，从培训体系和晋升体系两方面入手，确保财务人员能够清晰地看到自己在财务共享模式下的职业发展路径，从而更加积极主动地参与到财务变革过程中。多数企业基于"共享财务、业务财务、战略财务"三位一体的财务职能体系，为财务人员设计完善的内部专业化发展通道。

在横向发展通道方面，企业可为财务共享服务中心内部的人员提供专业技术序列和运营管理序列两条发展通道。专业技术序列岗位涵盖了财务共享服务中心内基于专业领域组建的各个专业组，包括费用核算组、应付核算组、收入核算组等。而运营管理序列岗位则涵盖了财务共享服务中心运营管理组的运营管理岗和行政管理岗等。通过在专业技术序列内部进行横向轮岗，财务人员能够迅速提升专业财务管理能力，并深入理解企业整体财务业务。同时，财务人员通过从专业技术序列到运营管理序列的横向轮岗，可以增强对财务共享服务中心运营模式的认知与理解，并积累相关的运营经验。这种轮岗机制不仅加速了财务人员在专业技能上的成长，还促进了其综合能力的提升。当他们的综合能力满足业务财务和战略财务岗位的要求时，便能够实现从共享财务向业务财务和战略财务的职业转型。

在纵向发展通道方面，企业可针对财务共享服务中心的人员设计"双通道"晋升路径，从管理线和专业线两个维度推动人员结构和素质的持续优化。例如，专注于专业能力提升的员工可选择专业线通道，有望最终成为公司内部财务领域的专家；而倾向于管理路线的员工则可选择管理线通道，未来可迈向财务共享服务中心或财务部门的关键管理岗位。具体而言，企业可根据财务共享服务中心的岗位要求和企业的职级划分，设计岗位类别、职级与人事待遇层级之间的对应关系，以确保晋升体系的科学性和公平性。

企业精心构建的人才发展体系可以充分激发财务人员的积极性和创新潜能，助力财务人员在财务共享模式中实现个人成长与职业发展。同时，这也能为企业的财务变革注入强劲动力，确保企业在持续发展的道路上拥有坚实的人才支撑和保障。

2）组织层面

在财务共享运营体系下，鉴于经济业务均发生于各业务单位，业务单位需对经济业务发生的真实性、合法性、合理性以及经济活动产生的结果承担相应责任。因此，在组织层面上，财务共享模式下的各业务单位作为如下责任主体的身份应保持不变。

（1）业务责任主体：由于经济业务是在各单位发生的，各单位需对经济业务的真实性、合法性和规范性承担相应的会计法规责任。

（2）内控责任主体：鉴于各项经济业务在各经营单位发生，涉及会计核算最基础的原始记录都由本单位收集，各经营单位需严格执行内部控制的各项规定，确保取得真实合法的原始凭据，并按规定流程发起报账。

（3）资源管理责任主体：各单位需按照预算管理的各项规定实施资源的分配和动态管理，并承担各项绩效考核责任。财务共享服务中心的成立并不会改变各单位的责权利格局。

（4）审批责任主体：各单位在报账时使用的是本单位的资源、预算和资金计划，因此报账审批流程和对外支付款项的审批责任保持不变，仍由各单位承担。

（5）审计责任主体：审计工作仍以各单位为基础展开，包括经济审计、税务审计、工程审计和其他各项财政工商检查。对于审计过程中发现的问题，各单位仍需承担相应的责任。

（6）税收责任主体：对于需要进行属地申报的税目，独立纳税主体仍按现有规定进行属地申报缴纳。如发生涉税问题，各成员单位负责沟通协调。

在财务共享运营体系下，财务共享服务中心旨在为经济业务提供更标准、统一、高效、及时的财务核算服务，并对过程的合规性进行管控，以确保流程规范、标准统一、管控要求一致、服务水平统一。

（六）成果预期不匹配及其应对措施

1. 难点分析

财务共享服务中心建设项目规划方案是基于现状和目标，结合大量假设前提而设计的产物。在落地建设过程中，由于实际业务情况、企业经营和管理等因素的变化，项目建设成果与方案预期之间往往会出现偏差。

2. 应对措施

在财务共享服务中心建设项目的各个阶段，项目团队需要谨慎评估阶段性成果与公司预期的匹配度。一旦出现建设成果与预期不匹配的情况，项目团队需结合实际情况评估处理策略，及时启动项目变更程序，对偏差进行处理。应对措施包括：接受变更并更新方案，更新项目计划，延长建设周期；根据实际情况及时止损，如评估是否更换供应商；与核心关联方沟通调整预期。通过这些应对措施，我们能够确保项目建设的顺利进行，并最大限度地减少偏差带来的影响。

（七）项目实施方资源难保障及其应对措施

1. 难点分析

在财务共享服务中心项目建设过程中，项目实施方可能会出现交付资源不足、项目成员频繁变动以及项目成员的实施能力不足等问题，这些问题往往会导致项目延期、建设成果不符合项目要求等潜在风险，对项目的顺利推进构成威胁。

2. 应对措施

当前，不少企业在签订项目合同时，都会在合同条款中严格约定项目成员数量以及对项目经理及顾问的能力和经验的要求，并详细约定项目成员的变动和更换程序。在项目团队进场时，企业还会对项目顾问进行面试，确保项目团队的经验和能力满足项目需求。这样的做法有助于锁定项目所需资源和能力，为项目的顺利推进提供有效保障。

三、小结

财务共享服务中心建设项目作为一项财务管理变革项目，其建设推广周期长且过程中易受到各种内外部变化的影响，项目的不确定性和不稳定性因素层出不穷。为确保项目的成功，企业高层领导应充分重视并有力支持项目建设，实现内部思想的统一与共识；组建结构合理、经验丰富、能力充足的内部团队；实施严格的供应商管理，并制定一套全方位、立体式的项目管理保障体系及应急预案，以应对可能出现的各种挑战。

第五节 财务共享服务中心建设项目的沟通机制

财务共享服务中心建设项目通常具有业务范围广泛、利益相关方众多、建设周期漫长、变革难度高等特点。因此，从项目准备及启动阶段到财务共享服务中心持续运营阶段，项目管理者都面临复杂的沟通对象、众多的沟通环节以及多变的沟通场景。根据以往经验，很多时候出现的项目进展迟缓、节奏紊乱、效果不及预期等问题，并非因为方案不合理，而是由于变革和沟通管理不到位。各角色对目标、现状、项目预期等存在极大的信息偏差，导致各方在不能认知共识、信息共享、有效配合的情形下被迫长时间磨合，持续消耗各方的精力、体力和积极性，最终导致工作迭代返工、管理成本居高不下、满意度降低以及项目建设效果不达预期等不利后果。因此，沟通是每一个财务共享服务中心建设项目都必须面对的重大议题，其重要性不亚于任何一个业务方案。

本节主要基于角色视角和内容视角，探讨如何通过有效的沟通机制确保项目管理的有效性和目的的达成。

角色视角主要以财务共享服务中心建设项目组（以下简称项目组）以及组织机构正式成立后的财务共享服务中心为主角，由其牵引并推动项目的建设和运营；内容视角侧重于揭示项目不同阶段的关键环节，明确需要与哪些利益相关者进行沟通、沟通的内容以及需要注意的重要事项。

一、项目准备及启动阶段：重在认知共识

在项目准备及启动阶段，针对"是否要做""为什么要做""希望达成什么目标""具体的时间规划""可能面临哪些风险""由谁来推进和负责"等事项，各方的认知模糊不清或持观望态度。因此，此阶段的沟通重点应放在达成"认知共识"上。

（一）项目立项

项目立项时，最主要的沟通对象是高层领导，沟通的目的是获取他们对项目的支持。因此，沟通内容应重点突出项目的价值及收益，强调建设的可行性、重要性和迫切性。在此过程中，必须明确立项的层级，并尽可能获得最高决策层的认可，以坚定变革的决心。只有确立"一把手工程"的地位，才能保证项目落地时不被扭曲，各方才能够积极配合，变革过程才不会中断，项目目标才能顺利达成。

（二）项目团队组建

项目建设离不开一支强有力的团队。项目组成员背景各异，既包括集团财务部人员（财务共享服务中心项目通常由集团财务部主导）、集团相关业务部门人员（如 IT 部门、人力部门、法务部门、采购部门等），还包括从各参与单位抽调的专职或兼职成员。因此，企业对项目组负责人的任命、骨干成员的选择以及外围角色的配合都需要经过充分的沟通才能作出决策。在项目推动过程中，项目负责人还需进一步传达并细化工作要求，不断调动项目组成员的积极性，以确保项目组各成员各司其职，实现高效协作。

（三）启动会召开

召开启动会的核心目的在于正式宣布项目启动，明确各方均需投入项目建设。启动会的重点在于强化项目背景及目标、介绍项目整体计划、明确工作指示及要求、介绍项目组成员构成及职责，以引导各方逐步形成共识；同时，通过高层领导的参与，提升项目的重要性并施加

关键影响。

(四) 共享理念及项目目标宣贯

财务共享服务中心建设是一场深刻的变革,其中观念变革尤为困难。在项目前期,项目组应尽可能通过专题交流会、培训等形式,对共享理念及项目目标进行广泛宣贯。在宣贯过程中,项目组需根据企业的实际情况,合理确定参与人员的范围和时间周期。值得注意的是,宣贯并非项目组单向的输出,而是应注重倾听参与单位的担忧和期望,并通过交流给予积极的回应。

二、咨询规划阶段:重在方案理解

咨询规划阶段主要涉及业务调研及方案规划工作,在该阶段,各项工作紧锣密鼓地展开,大量方案基于深入的调研陆续出台。在此过程中,项目组会与相关方紧密交互,充分征求意见。因此,此阶段的沟通重点在于"方案理解",确保各方对方案有清晰的认识和共同的理解。

(一) 调研安排及现状评估报告

调研安排及现状诊断报告的利益相关方主要包括集团高层领导以及各参与单位的业务/财务领导。

调研是与各单位面对面、充分交流的宝贵机会。因此,项目组可提前将调研目的、调研内容、调研提纲以及重要关注事项发送给各单位的对接人,以确保双方均能提前思考、充分准备,从而提高交流的质量。在调研过程中,项目组应与各单位深入交流业务痛点和解决方案,并采用需求清单的方式进行记录、管理、追踪和复盘。

调研工作完成后,项目组应详细梳理调研成果、发现的问题以及下一步的工作思路,形成现状评估报告,并向集团高层领导以及各参与单位的业务/财务领导进行汇报。此项工作至关重要,因为它有助于推动各层级的关键角色对痛点问题、项目范围以及工作方向达成一定的共识,从而避免项目即将上线时关键角色仍对痛点问题不清晰、目标期望不合理的情况发生。

(二) 组织方案规划

组织方案规划的利益相关方主要包括高层领导以及各参与单位的财务领导。

组织方案的规划不仅仅是财务共享服务中心内部的事务,项目组还需要与外部进行有效的沟通,且在对外沟通时需特别关注以下两个核心点。

第一,应将不同财务团队的定位、相互之间的协作关系以及详细的职责界面进行充分的传达与研讨,确保各个财务团队能够明确自身的定位及发展方向,并据此及时调整本单位的财务职责、工作重点以及人员安排。

第二,应就财务共享服务中心的人员缺口、人员来源(包括各单位内部调配、外部招聘、外包等方式)进行深入的沟通,明确各参与单位是否需要为财务共享服务中心提供人员支持,以及支持的具体人数、周期等相关细节。

(三) 业务方案规划

业务方案规划的利益相关方主要包括各参与单位的财务领导、财务骨干以及业务人员。

业务方案的沟通重点在于对方案的研讨与理解。在方案沟通过程中,以下三个问题可能会影响沟通效果。

一是项目组成员可能并不完全熟悉每个参与单位的业务细节,因此在研讨时各单位成员需阶段性参与,以提供更准确的信息。

二是项目组成员精力有限,需要调动相关部门的人员进行外围配合。

三是在项目建设过程中,往往会出现项目组积极推进但各单位对方案响应度不足的问题。

针对上述问题,我们可以从以下三个方面逐一解决。

首先,在团队关键角色的遴选上,应充分考虑其资源调动能力,优先选择在企业内部影响力较强的人。

其次,应指定各参与单位的接口人,明确其职责,由其负责进行向下穿透式资源调配。

最后,可以将各类方案文档下发给各单位,并要求财务"一把手"或业务"一把手"签字盖章后回传,以确保各单位能够认真研读并及时配合。

(四) 系统方案规划

系统方案规划的利益相关方主要包括其他业务部门/项目组。

系统方案的沟通重点在于与外围系统的集成安排,如集团统一建设的 OA/BPM 系统、采购系统、销售系统、人力系统、主数据系统等,或是参与单位的自建业务系统,因为这些系统都涉及与其他业务部门/项目组的协同配合。其他项目若处于在建状态,项目组需要充分沟通时间方面的匹配度;若为已建项目,项目组需密切关注工作排期;若为待建项目,项目组则需考虑时间后置对当前方案和关键目标的影响。针对这些情况,项目组需要形成具体的方案规划,评估影响,并与责任方逐一进行协调。

(五) 整体实施规划

整体实施规划的利益相关方主要包括高层领导以及各参与单位的财务领导。

实施规划的沟通重点在于充分传达实施排期以及对各方的配合要求。例如,上线时间、上线单位、上线业务、上线配合事项、各单位测试安排、基础数据整理以及审批流程安排等事项均需形成详细的工作计划,以确保各单位能够充分理解并有效执行相关的工作任务。

(六) 重点单位专项沟通

重点单位专项沟通的利益相关方主要是重点参与单位。

针对这些重点参与单位,项目组可组织实地走访,针对整体项目情况、重点方案及事项进行面对面的沟通与培训讲解。这样一方面可以全面梳理和传达相关信息，进一步回顾并确认各单位的关键诉求及顾虑；另一方面也能凸显对重点参与单位的重视，从而赢得合作。

三、项目建设阶段：重在协作配合

项目建设阶段主要涉及财务共享平台及周边系统的建设及上线等核心任务。在这一阶段，系统实施、人员职责及调整、上线准备等各项工作事项将逐一细化并落实。由于该阶段涉及的角色众多、环节交织，沟通的重点在于"协作配合"。

（一）系统落地实施

系统落地实施阶段的利益相关方包括各参与单位和共享联合项目组。

系统落地实施阶段涉及需求细化、表单设计、流程安排、档案整理、系统测试、数据准备等各项工作，工作量巨大，涉及的角色众多。因此，该阶段沟通的重点有两方面：一方面是要充分利用各参与单位的资源，将一部分工作事项进行分解，但在此过程中应注意将工作要求和方法充分传达到位，尽可能避免理解偏差；另一方面是要确保不同角色对需求的理解一致，因为系统实施涉及最终用户、关键用户、项目组成员、IT顾问、开发顾问等众多角色，若过程中需求传达不清晰，将会带来极大的返工成本。针对此问题，项目组可考虑按流程或单据类别建立工作组，贯穿实施全过程，以避免信息断层。此外，对于各参与单位成员和关键用户，项目组应以终为始，做好充分的系统产品培训，具象化展示产品功能逻辑，从而减少执行时的偏差。

（二）人员调整、定岗及职责盘点

人员调整、定岗及职责盘点阶段的利益相关方主要包括财务共享服务中心和各参与单位。

除了系统实施外，在落地阶段，项目组还需高度重视人员调整、定岗及职责盘点。这涉及每个员工的职责安排以及工作的交接。若沟通不畅导致工作重复或无人负责,势必会影响项目进展。因此,项目组需要基于财务共享服务中心的职责及人员规划,明确未来需从各参与单位迁移至财务共享服务中心的职责以及从相关单位调配进入财务共享服务中心的人员。针对这些人员调整,相关部门负责人应进行充分的沟通,明确员工的定岗安排,并在此基础上陆续进行细化工作事项的盘点,明确职责的保留项、剥离项和新增项,以及对应的交出人和接收人,确保形成妥善周全的交接安排。

(三) 上线前沟通机制搭建

上线前沟通机制搭建阶段的利益相关方是各参与单位。

为确保上线后的顺利运行,上线前,项目组应针对可能出现的问题建立及时的沟通应对机制。首先,可以开通服务热线,由专员负责接听并解决相关问题,若遇到无法及时解决的问题,项目组可以进行系统工单跟踪及处理。其次,可以建立上线专项工作群,以便在群内对问题进行及时跟进和处理。此外,项目组还应建立各单位一对一沟通机制,即指定一名具有一定影响力的项目人员,按单位维度进行整体层面对接,以方便统筹和调配资源。这样的安排有助于避免因沟通不畅以及问题解决迟滞引发的矛盾。

四、持续运营阶段:重在管理机制

经过一段时间的上线磨合,财务共享服务中心已逐步进入稳定的运营状态,主要矛盾也由外部矛盾转向内部矛盾。为确保财务共享服务中心持续高效地提供服务,该阶段沟通的重点在于管理机制。

(一) 日常咨询答疑/投诉处理

财务共享服务中心应建立健全日常咨询答疑/投诉处理机制,确保员工能够通过服务热线、工单系统、公共邮箱以及智能客服等多种途径迅速获得帮助。此外,财务共享服务中心的服务管理专员应定期总结员工咨询的高频问题,并据此开展专项培训,进一步降低沟通成本。

（二）运营报表

财务共享服务中心可定期或不定期地向参与单位输出运营报表，报表内容应涵盖业务处理量、处理时效、处理质量、退单率、退单原因、重要违规事项以及改进要求等关键指标。这样做有助于各单位及时了解财务共享服务中心的服务质量，并增进彼此之间的相互了解。

（三）回访机制

财务共享服务中心可建立回访机制，定期或不定期地走进参与单位进行专项回访，以便双方交换需求、意见及建议。回访机制不仅能够拉近双方的距离，还能够推动财务共享服务中心的持续改进。

五、小结

作为信息传递的开端，沟通是相互理解的桥梁，是团队协作的坚实基石，是目标达成的利器，更是组织凝聚力的有力保障。在财务共享服务中心建设和运营过程中，沟通无处不在，它可以推动工作的进展，促成共识的达成，确保执行的落实。对于项目组而言，如何高效地进行沟通，是每一位成员都值得深入思考和探索的重要课题。

第六节　财务共享服务中心建设项目的团队搭建

在传统的企业信息化建设项目中，人们常常强调"三分功能七分实施"的理念，这足以体现实施团队在信息化项目建设中的核心地位和关键作用。而财务共享服务中心建设作为一个极为特殊的企业信息化项目，其项目团队的搭建也呈现出独特的组织架构特点，并对不同角色提出了更为精细的经验和能力要求。实施团队的人员不仅需要具备财务专业的背景，还需具备辅助企业进行财务组织变革、财务标准化建设以及流程梳理优化，引导企业实现财务价值转型的能力和经验。此外，实施人员还需持续保持技术和管理的领先性，以便能够高瞻远瞩地帮助企业持续推进财务共享服务中心的建设。

本节深入剖析了财务共享服务中心项目与传统信息化项目的差异化特征，并从项目组领导人选择、项目组架构、职责界面划分以及人员能力要求等多个维度，对团队建设的关键要点进行了详细分析，旨在帮助企业构建符合自身财务共享服务中心建设需求的专业团队，从实施层面保障项目的成功。

一、财务共享服务中心建设项目的特征

财务共享服务中心的建设作为一个非常特殊的企业信息化项目，具备以下五个传统信息化项目所不具备的特征。

第一，财务共享服务中心建设的侧重点与传统信息化项目有所不同。传统的信息化项目建设更注重利用工具解决实际问题，而财务共享服务中心建设则通过推动财务组织变革来实现财务的价值转型，最终使财务人员从价值守护者转变为价值创造者。

第二，在财务共享服务中心的建设过程中，由于财务组织发生了变革，原有的企业内部流程已无法满足财务共享流程的要求。为了实现财务处理效率的提升和风险管控升级，项目组需要对端到端的业财全流程进行重新设计和优化，这便是项目建设过程中的流程变革。同时，流程的变革又会导致各部门间权限和财务人员职责的重新划分。

第三，财务共享服务中心建设中的一项重要工作是推动财务标准化体系建设。财务标准化是提升流程效率和合规管控的重要手段，涵盖了从账簿体系、科目体系、核算流程、核算规则、系统表单及字段、财务报告体系的全面标准化。在推动财务标准化的过程中，项目负责人还需考虑多元化经营的企业集团内部标准体系的差异化问题。

第四，在财务共享服务中心的建设过程中，企业需深入探索财务共

享模式下的深度业财融合路径。企业不仅要从赋能业务的角度出发推动业务和财务的流程与数据融合,还需充分考虑如何从业务系统中获取多维度、多口径的业务数据,以及如何构建科学有效的后续经营分析模型,同时确保管理"颗粒度"达到合适的水平。

第五,财务共享服务中心建设的目标之一是实现财务的组织变革,即重新构建财务组织,其中包括财务共享服务中心内的组织建设。因此,在项目建设过程中,企业需要充分考虑财务共享服务中心的组织及岗位设置、人员能力要求,以及未来财务共享服务中心的人才培养体系和升迁轮岗体系的搭建。

二、财务共享服务中心建设项目实施团队的搭建

在组建财务共享服务中心建设项目的实施团队时,企业应考虑以下几点。

(一) 项目组的最佳领导人选

财务共享服务中心建设涉及的内容包括财务组织变革、业务流程再造、标准化体系建立等,因此,项目组的领导必须对全集团财务和业务都拥有一定的管理权限。在国有企业中,这样的领导通常应该是党委领导班子成员;而在民营企业中,则应是集团副总裁级别的领导。只有这样的项目组领导,才能有效协调全集团各部门的资源用于财务共享服务中心建设,才能从集团整体利益角度出发推动组织和流程的变革。

(二) 项目组的基础团队架构

项目组通常分为三个小组。第一个小组是流程小组,一般根据应收、应付、费用等业务流程类型进行划分。第二个小组是标准化小组,同样按照应收、应付、费用等业务流程类型进行划分。第三个小组是信息系统小组,通常进一步细分为信息系统需求组和信息系统维护组。为了配合这三个小组的工作,下属单位需要配置相应的联络人和关键用

户。每个小组至少应配备一名组长和若干名组员,以确保工作的顺利进行(图 1-1)。

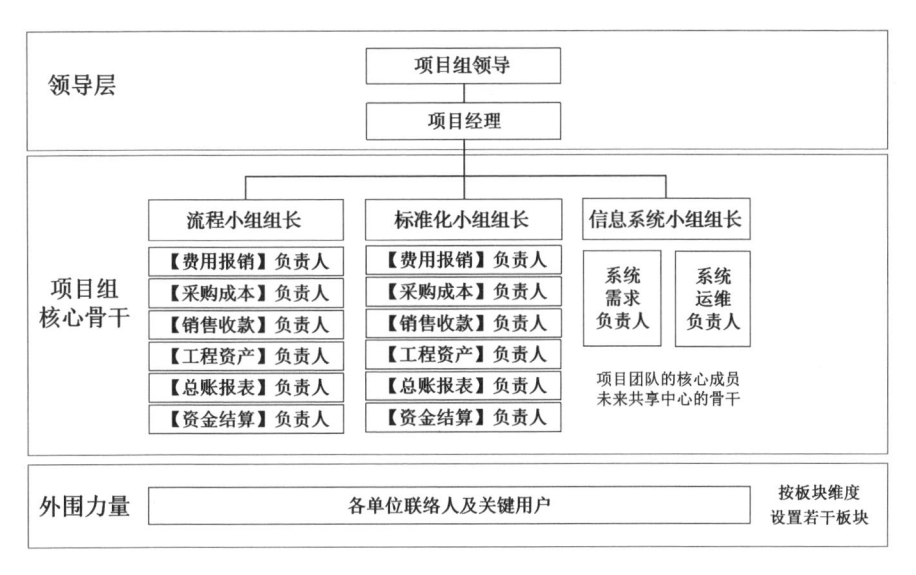

图 1-1　财务共享服务中心项目基础团队架构

(三) 各项目小组的职责

1. 流程小组的职责

在咨询阶段,作为知识转移的重要承接者,流程小组负责对应业务领域流程方案的梳理、设计与讨论,并积极参与流程评审,提出适应性意见。具体职责包括:参与各业务领域流程现状调研;协助项目实施方出具业务需求分析报告,并进行报告的细节检查;参与流程框架的搭建;参与流程方案的设计、讨论、文档编写;组织相关单位进行流程评审。

在系统实施阶段,作为方案的吸收者,流程小组参与流程设计在系统侧的落地响应。具体职责包括:参与表单及系统功能的设计、讨论;参与并组织基础数据的整理;参与系统测试等。同时,流程小组还需对接各参与单位进行业务迁移准备,包括系统初始化、账务交接等工作。

在上线及试运行阶段,作为知识转移的输出者,流程小组负责对财务共享服务中心的普通员工进行培训宣贯与业务指导，确保业务能够顺利承接。

2. 标准化小组的职责

在咨询阶段，作为知识转移的重要承接者，标准化小组负责对应业务领域标准化方案的梳理、设计与讨论，并负责标准化相关文档编写，组织相关单位参加评审沟通。具体职责包括：参与各业务领域标准化现状调研；协助项目实施方出具业务需求分析报表，并进行报表的细节检查；参与标准化工作内容及框架体系的讨论；参与会计科目、核算场景、附件、审核点等标准化方案的梳理、讨论与文档编写；组织相关单位进行标准化评审。

在系统实施阶段，作为方案的吸收者，标准化小组负责标准化设计在系统侧的落地响应，并积极参与系统测试，同时不断推动标准化方案的细化与完善。具体职责包括参与表单字段、凭证规则、审核控制点等系统功能的设计与讨论，参与并组织基础数据的整理，参与系统测试，以及持续推动标准化方案的优化和完善。

在上线及试运行阶段，作为知识转移的输出者，标准化小组参与对财务共享服务中心普通员工的培训宣贯与业务指导，确保业务能够顺利承接。

通过以上三个阶段的持续努力，标准化小组确保了标准化方案从设计到实施再到运行的顺利过渡，为财务共享服务中心的顺利运行提供了坚实的支撑。

3. 信息系统小组的职责

在咨询阶段，信息系统小组的系统需求人员配合系统调研工作，参与项目信息系统需求的讨论与评审，充分评估信息系统实现的可行性。

在系统实施阶段，信息系统小组的具体职责包括从系统功能的角度出发，负责详细系统方案的确认，确保系统方案对咨询规划的精准响应；组织基础数据的收集与整理；积极参与系统测试；协助进行系统上线前的数据迁移、硬件准备等工作。信息系统小组的系统维护人员在系统实施阶段则主要负责软件操作的培训，即负责指导关键用户的软件使用及日常运作。

在上线及试运行阶段，信息系统小组需持续总结信息系统出现的问题，推进财务信息化的持续优化与建设。同时，信息系统小组的系统需求人员还需在各阶段及时与信息部门进行跨部门沟通，推动协同配合，并跟进外围系统建设进度，提出配合需求，确保项目整体目标的达成。信息系统小组的系统维护人员负责建立企业内部支持体系，包括权限设置、基础数据维护、用户日常操作指导等，确保系统的稳定运行和用户的顺畅操作。

通过系统需求人员与系统维护人员的紧密配合，信息系统小组能够确保财务共享服务中心的信息系统建设顺利进行，为企业的财务管理提供强有力的支撑。

4. 各单位联络人和关键用户的职责

各参与单位联络人需负责与共享项目组进行对接，确保信息的及时上传下达，保证信息传递准确无误。其具体职责包括但不限于现场调研的安排、资料的反馈、信息的确认、会议及培训通知的下发与组织，以及建设意见的反馈等。此外，联络人还需负责协调本单位内部的各项资源。同时，各单位的关键用户应积极参与方案评审，站在本单位的角度提出意见和建议，并参与系统测试，提出测试意见。

需要重点强调的是，流程小组与标准化小组在横向上应按照业务领域加强交流互动，建立虚拟小组，以实现各业务领域之间的横向拉通，确保未来单个业务领域之间的信息能够顺畅衔接。

(四) 项目小组组长的职责

各项目小组的组长肩负着各模块相关工作的统筹与对接等职责。组长们需要深入参与各模块的调研，明确提出相应的工作要求，对各项方案进行细致评审,严格检查交付物的质量,并针对不足提出完善意见。与此同时,组长们需保持与项目经理的及时沟通,反馈模块内的工作进度及待协调的事项。此外,组长们还负责指导并安排模块内项目团队的工作分工,促进跨模块的日常工作交流。在对外协调方面,组长们应积极与各权属单位及相关部门进行沟通,推动工作的顺利进行。当然,组长们还需灵活应对,完成领导安排的其他相关事宜,确保项目的全面成功。

(五) 项目组人员能力要求

1. 项目小组组长的能力要求

在财务共享服务中心项目建设期间,企业应配备能够全身心地投入具体实施工作的专职项目小组组长。各项目小组组长需具备强大的动员能力、资源调配能力、管理能力以及沟通协调能力。同时,各项目小组组长还应拥有先进、开放的视野,善于接受新生事物,并对各单位的财务状况有基本的了解。这样的组长才能有效地推进项目进展,确保财务共享服务中心建设的顺利进行。

2. 项目小组组员的能力要求

企业方的各项目小组成员应当是专职的项目参与人员。为确保项目推进时有充足的资源,企业方项目小组成员的人数应至少达到实施供应商项目小组顾问人数的三倍。这样的配置能够更好地保障项目的顺利进行。

1) 流程小组组员的能力要求

流程小组的组员需要熟悉特定业务领域的财务工作流程及其痛点。企业应从承担特定业务类型的组织中挑选组员,该类特定业务在企业业务中应具备典型性和足够的业务规模。此外,组员还应具备接受新生事物的能力,拥有整体和全局意识,学习能力强,善于归纳总结,并具备认真负责的工作态度。这样的组员配置有助于项目的顺利进行和成功实施。

2）标准化小组组员的能力要求

标准化小组的组员应熟悉特定业务领域的财务核算现状及存在的问题，同时，他们应来源于所在组织中在特定业务类别中具有典型业务且业务量级较大的部门。此外，组员还应具备扎实的核算功底，擅长信息整理及文档编写，工作认真负责。这样的组员配置有助于提高项目的执行效率和准确性。

3）信息系统小组组员的能力要求

信息系统小组的组员需要熟悉公司及财务相关的信息系统，了解系统的现状、痛点、功能及需求。此外，组员还应具备一定的项目实施经验，熟悉企业内部流程，并具备较强的跨部门沟通能力。同时，组员应具备较强的产品学习能力和业务理解能力，能够独立与终端用户沟通解决问题或向上反馈问题，并具备一定的基础技术能力。这样的组员配置有助于项目的顺利进行和成功实施。

3. 各单位联络人和关键用户的能力要求

各单位联络人应是下属单位的关键岗位人员，建议各板块/各单位的财务总监作为第一责任人，具体执行事宜可进行任务委派。各单位联络人需深入了解各单位整体情况，具备一定的决策权，并具备较强的沟通能力。同时，各单位的关键用户也应当是本单位的关键岗位人员，对本单位业务情况有深入了解，专业技能强，能够发表可行性意见。这样的配置有助于确保项目在各单位的顺利实施和有效推进。

三、小结

众多企业集团把财务共享服务中心建设比作"西天取经之旅"——历经磨难方能成功。项目实施团队宛如"取经团队"，项目经理应像唐僧一样，信念坚定，引领团队披荆斩棘，达成目标。项目组领导如同"诸天神佛"，为团队提供强大的支持与授权，为团队提供坚实后盾。项目小组组长则如孙悟空般能力出众，善于解决难题、协调资源。组员们需如沙僧般默默奉献,踏实地完成每项任务。此外,项目团队中还需"八戒式"的角色,性格开朗,化解矛盾,增强团队凝聚力。同时,白龙马般的"隐形角色"也不可或缺,他们要能在关键时刻挺身而出。这样的团队组合是财务共享服务中心建设项目成功的关键,这样的团队才能够高效、稳健地推动组织变革和价值创造。

第二章

咨询规划期的核心陷阱及预防措施

第一节 财务共享服务中心组织架构设计

我国众多大型企业集团正借助财务共享服务中心建设来推动财务管理变革,其中财务共享服务中心的组织架构建设方案是决定其业务效率乃至整体建设成效的关键。大型企业集团在构建财务共享服务中心组织架构时,会受到多种因素的影响,因此不同企业存在不同组织架构建设方式。本节归纳总结了大型企业集团财务共享服务中心组织架构规划的一般原则和方法,旨在帮助企业了解不同组织架构的财务共享服务中心的适用场景和管理要求,从而在财务共享模式筹划初期形成正确的组织架构变革认知。

一、集中式财务共享服务中心组织架构是趋势

从财务组织架构的变化角度来看,企业推动财务共享服务中心的建设,实际上是一个将原先科层制的财务组织架构转变为由战略财务、业务财务、共享财务组成的"三支柱"财务组织架构的过程(图 2-1)。其中,企业建设财务共享服务中心的主要目的是将企业财务职能中事务性、重复性、可标准化的操作类业务分离出来,通过财务共享服务中心进行集中化、规模化处理,以便为集团内的各分支机构提供统一、标准、高效且低风险的专业服务。

在现代企业管理技术和信息技术的双重支持下,财务共享服务中心通过集中和统一管理其财务人员,形成对集团内企业提供规模化、

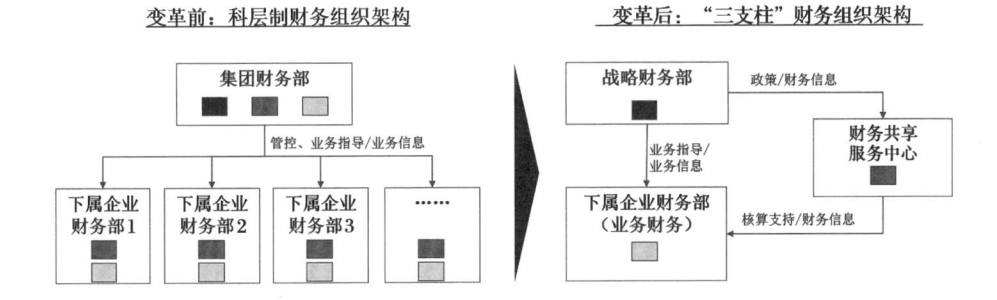

图 2-1　财务组织架构变革过程

高质量共享财务服务的能力。因此,对组织和人员的集中管理是财务共享服务中心组织架构建设的天然趋势和财务管理改革的必然要求。

那么,"集中"是否是财务共享服务中心组织架构建设的唯一方式呢?答案是否定的。除了要体现统一性下的规模化效益,财务共享服务中心还需满足不同业务情况下的差异化服务需求。换言之,财务共享服务中心的本质目标是提供总体高效的财务共享服务。对于部分大型企业集团而言,受企业规模、多元化业务、管控模式等复杂因素的影响,若仅采用单一的集中式财务共享服务中心模式,可能会导致整体服务效率降低,甚至出现其他管理问题。因此,合理设置若干共享分中心的组织模式,成为这些企业化解单一共享组织管理矛盾、提升共享服务整体效率的有效手段。

二、集中式财务共享服务中心组织架构设计模式

(一) 集中式财务共享服务中心概述

企业推动财务共享模式建设的目的是在先进的管理技术和信息技术的双重支撑下,对纳入共享服务范畴的业务进行规模化、集中化处理,实现业务规范的统一、业务效率的提升以及冗余人力资源的优化配置,从而提升企业的战略扩张能力。因此,设立一个集中式的财务共享

服务中心组织，负责统筹财务共享业务的运营，成为企业推动财务管理模式变革的必然要求和内在逻辑。

在部分企业案例中，由于分支机构对共享财务人员的需求或人员调动困难等原因，会存在少量共享人员"分散"常驻其服务单位的情况，但这些共享人员是在统一的组织体系和财务共享平台下执行作业，这种模式本质上仍属于集中模式。

（二）集中式财务共享服务中心组织架构设计模式

集中式企业财务共享服务中心组织架构的常规设计模式主要包括以下四种：将集团财务职能内嵌于财务共享服务中心，将财务共享服务中心作为集团财务部下属的二级部门，将财务共享服务中心作为集团总部的一级部门，将财务共享服务中心建设为一家独立机构。

1. 将集团财务职能内嵌于财务共享服务中心

将集团财务职能全部内嵌到财务共享服务中心的模式，通常是将集团总部财务部直接更名为财务共享服务中心，同时合并战略财务管理职能和共享财务服务职能。这样的名称变化主要是为了强化企业财务的服务属性，并在具体的财务业务上进行优化调整。

这种组织架构模式常见于中小型企业财务共享服务中心的初建期，其有助于整合财务管理和共享财务业务，以及优化财务人力资源配置。

2. 将财务共享服务中心作为集团财务部门下属的二级部门

共享财务作为大型企业集团"三支柱"财务组织架构变革的重要一环，通常被视为集团财务管理职能的组成部分。为确保共享财务职能的独立性，企业通常在集团财务部门内设立独立的财务共享服务中心，并将该中心定位为财务共享业务的交易处理中心，旨在为集团内部提供专业的财务共享服务。

这种组织架构模式在财务共享服务中心初创期尤为常见，其有助于集团财务部高效统筹财务共享模式和财务共享业务变革的实施，进而降低沟通协同成本。

3. 将财务共享服务中心作为集团总部的一级部门

该模式是将财务共享服务中心作为集团总部的一级部门，与集团财务部平行运作，两者分别承担共享财务和战略财务的管理职能，从而实现共享财务与战略财务职能的组织分离。

这种组织架构模式在中大型企业集团成熟运营期的财务共享服务中心中尤为常见。在这一阶段，财务共享服务中心的建设运营已达到相对成熟的水平，财务共享服务中心不仅承担了核算业务职能，还承担着财务管理和数据应用等多重职能，包括提供财务专家支持、推动业务持续优化、深入挖掘财务数据应用价值等，甚至涵盖了部分管理会计的职能。

4. 将财务共享服务中心建设为一家独立机构

该模式是将财务共享服务中心从集团总部剥离出来，使其成为一家独立运营的企业，独立开展共享运营服务。在这种模式下，财务共享服务中心通常被定位为利润中心（或把利润中心作为未来的发展目标），该中心通过制定清晰的服务水平协议和结算流程，为集团内部乃至外部企业提供财务共享服务并获取收入。

这种组织架构模式常见于大型企业集团的大共享平台，且财务共享服务中心的运营和管理已非常成熟。通过独立运营和明确的商业模式，财务共享服务中心能够更有效地提供专业化、标准化的服务，实现规模经济效应，并为企业创造更多的价值。

（三）单一集中式财务共享服务中心的建设难点

在确定以单一集中方式组建财务共享服务中心后，企业需以此为基础，配套规划财务共享服务中心的人力资源、业务流程、配套系统和运营体系方案。在此过程中，企业可能会遇到以下几个难点。

难点一：大型企业集团多元化、分业务板块（子集团）经营。由于企业不同板块间的业务差异，其财务业务也会有所不同。同时，各板块间的管理相对独立,若集团设立单一集中式财务共享服务中心,可能会因其远离各板块的运营管理主体而使业务方案维护变得复杂,进而影响共享业务的运营效率。

难点二:企业经营分支机构全国布局。由于分支机构及财务人员分布广,企业在筹建单一集中式财务共享服务中心时,难以从全国各地的分支机构中选拔并集中共享财务服务人员。此外,财务共享服务中心需要承担大量业务支撑工作,如合同管理、成本管理等,而财务共享服务中心与分支机构所在地距离过远,将增加双方沟通成本,降低业务效率。

难点三:企业内部不同业务组之间管理差异明显。这种差异构成了单一集中式财务共享服务中心建设的一大挑战。例如,跨国企业中的国内业务与国际业务的管理模式和需求大相径庭;而在军工企业中,军品业务与民品业务由于存在涉密性差异,其业务流程、系统配置和网络建设方案均存在明显区别。这种管理差异直接反映在财务共享服务中心的建设需求上,有时甚至会引发难以调和的矛盾。因此,企业在构建财务共享服务中心时,必须充分考虑内部不同业务组的管理特性,确保设计方案能够灵活适应各种业务需求,避免"一刀切"。

难点四:法律法规对特殊企业的独立性要求。例如,国家规定上市公司需要保持财务管理的独立性,因此企业在财务共享服务中心的组织架构建设上也需要体现这一管理要求。

上述难点对于单一集中式的财务共享服务中心而言,其影响不容忽视,轻则可能导致运营效率下降,重则可能因无法调和的矛盾而使得整个模式难以为继,需要另行寻找解决方案。针对这些问题,企业开始探索设立"总—分"结构的多财务共享服务分中心组织架构,以寻求更为合适的解决方案。接下来,我们将详细讨论这种组织结构的设立原因、实施方法等相关问题,以期为企业提供更为全面和深入的借鉴。

三、"总—分"式多中心组织结构设计概述

(一)"总—分"式多中心组织架构能提升差异化财务共享的服务效率

由于大型企业集团通常具有多元化业态、集团化管控、跨区域分布、系统平台技术差异等特点,单一集中式的财务共享服务中心模式可能会因其难以满足业务和管理的差异化需求而使财务共享业务效率和服务质量下降,从而影响财务共享服务中心的整体运营效率;若处理不当,财务管理变革可能会失败。

为了解决单一集中式财务共享服务中心组织架构可能存在的上述矛盾,大型企业集团常常采取"总—分"的方式,通过合理规划总中心与分中心的职责边界和服务范围,在实现规模化业务效应的同时兼顾不同部门的差异化共享服务需求。这种形式的组织架构可以实质性地提升集团财务共享服务中心的整体服务能力。

(二) 设置财务共享分中心的具体场景

基于大型企业集团所构建的财务共享"总—分"式多中心组织架构的特征,我们梳理并归纳出以下四种常见的财务共享服务分中心的设置场景。

1. 按子集团(业务板块)设置财务共享服务分中心

对于多元化、集团化经营的大型企业集团而言,若采用集中式财务共享服务中心模式,由于各子集团间的业务差异,共享运营效率将受到制约,此外,下属子集团的管理独立性需求,还可能引发监管不合规问题。为了妥善解决这些难题,企业可以二级子集团为管理边界,设立多个财务共享服务分中心。集团本部的财务共享服务总中心将承担统筹共享运营、财务共享平台运维及为部分分支机构提供共享服务的职责,而各板块的财务共享服务分中心则专注于为对应子集团内部企业提供专业的财务共享服务,从而确保板块内的财务业务实现高质量共享。

以某省级大型国资企业 Z 集团为例，Z 集团实施多元化经营战略，并由集团总部全面统筹规划全集团的财务共享服务中心建设。鉴于 Z 集团下属的各子集团之间存在显著的业务差异，且集团总部对子集团实施战略管控模式，各子集团的运营相对独立。为了确保集团共享财务服务体系的整体高效运作，Z 集团构建了"总—分"式的多中心财务共享组织架构。在这一架构中，集团财务共享服务总中心负责制定并统一全集团的共享运营管理体系标准，而各子集团的财务共享服务分中心则负责为各自板块内的分支机构提供具有业态特色的共享服务，以满足不同板块在业务和管理上的差异化服务需求（图 2-2）。

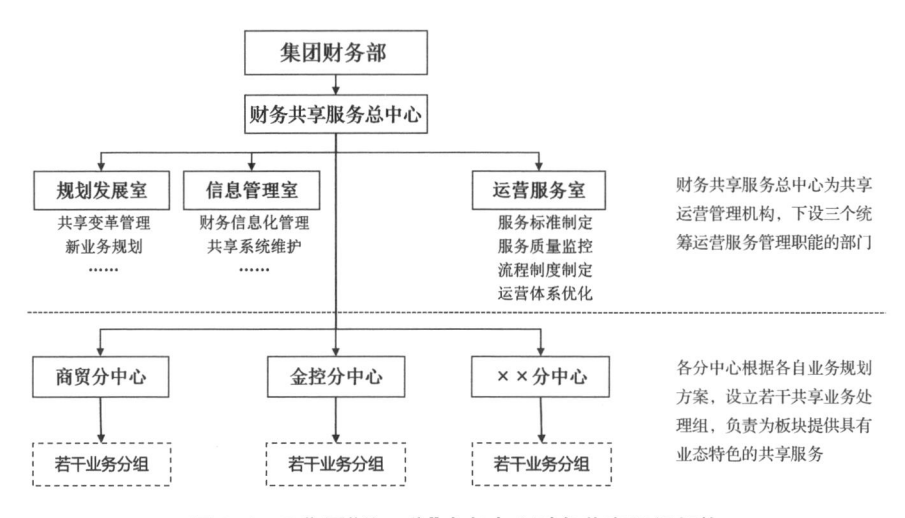

图 2-2　Z 集团"总—分"式多中心财务共享组织架构

2. 按产品类型划分财务共享服务分中心

企业因生产不同产品而形成不同的业务组织，且不同的业务组织之间存在业务差异和管理差异。在不减弱集中共享规模效应的前提下，按不同业务组织设置财务共享服务分中心，有助于统一产品线的业务和管理，促进组织内部协调，发挥财务共享人员的专业技能，从而强化业务与财务的深度融合。

以国内某大型军工研究所为例，该研究所涵盖军品业务和民品业务,由于两者在涉密性、业务类型上存在管控要求差异,在财务共享服务中心组织规划阶段应设立军品和民品两个独立分中心,分别筹建办公场所和财务共享平台,这两个分中心分别为各自的业务部门提供差异化的财务服务(图2-3)。

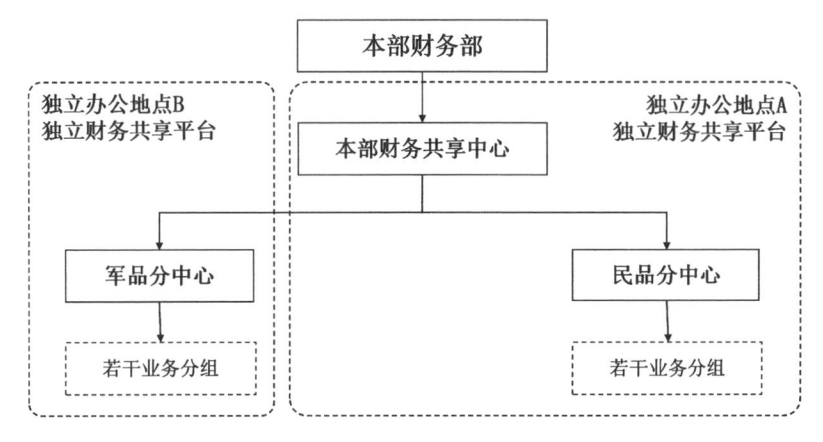

图2-3 某军工研究所按产品线设置不同分中心案例

3. 按组织或区域划分财务共享服务分中心

按照组织或区域划分共享服务分中心的模式,通常适用于分子公司的经营活动具有明确界限或众多分子公司在地域分布上较为分散的情况。在这种情况下,总公司通过设立区域性财务共享服务分中心可以实现对域内分支机构的高效服务。此种设置一般基于两个基础条件:一是企业网格化区域内的业务量较大,二是财务共享服务分中心需承担部分业财支撑职能。

以国内某新媒体企业为例,该企业在全国各省共部署超过100家分支运营公司,遍布全国各大区域。由于该企业强调大区运营管理,在组织架构上原本就设有大区财务部,这些大区财务部不仅需要处理财务事务,还需承担部分业务层面的数据分析和数据支撑工作。为满足上述管理和业务要求,该企业在进行财务共享服务中心建设时,在总部财务共享服务中心下面设立了运营服务管理部和运营业务处理部。其中,运营服务管理部负责总部财务共享的统筹运维管理;运营业务处理部则根据业务和各分支机构的分布情况,在全国设置了5个财务共享服务大区分中心,为各区域内的分支机构提供共享财务服务和业务支持服务(图2-4)。

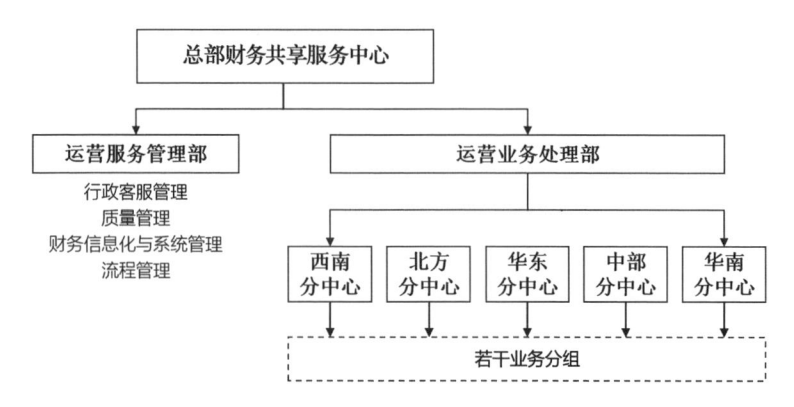

```
                    ┌─────────────────────┐
                    │  总部财务共享服务中心  │
                    └──────────┬──────────┘
                  ┌────────────┴────────────┐
         ┌────────┴────────┐       ┌────────┴────────┐
         │  运营服务管理部  │       │  运营业务处理部  │
         └─────────────────┘       └────────┬────────┘
          行政客服管理       ┌──────┬──────┼──────┬──────┐
          质量管理         西南   北方   华东   中部   华南
          财务信息化与系统管理 分中心 分中心 分中心 分中心 分中心
          流程管理          └──────┴──────┬──────┴──────┘
                                    │  若干业务分组  │
```

图2-4 某全国布局的新媒体企业分大区设置分中心案例

4. 按上市公司等特殊管理要求设立财务共享服务分中心

财务共享服务中心对于上市公司具有独立性保障要求。根据我国证监会发布的《上市公司治理准则》,上市公司应依法建立健全财务、会计管理制度,实行独立核算;控股股东应尊重公司财务的独立性,不得干预公司的财务、会计活动。因此,对于拥有上市公司的大型企业集团而言,它们通常会通过设立上市公司财务共享服务分中心的方式,将上市公司的财务业务纳入集团财务一体化管理。关于这方面的详细阐述,请见本章第二节。

(三)"总—分"式多中心组织架构下财务共享模式管理

构建"总—分"式多中心财务共享服务模式的本质在于将共性职能集中管理,将个性职能则下放至各分中心,即总中心负责统筹共性的管理和服务,而各分中心则承担其范围内的共享业务处理职责。

财务共享服务中心的职责涵盖共享运营管理和共享业务处理两大类。由于不同企业在管理和业务上存在差异,这两类业务的共性和个性职能在不同企业中也会有所不同。

在共享运营管理方面,以系统运维职能为例,若全集团采用统一的财务共享平台,则系统运维属于共性职能,应由总中心统一管理;相反,若集团内不同板块间的财务共享平台存在显著差异,则系统运维应视为个性业务职能,归各分中心管理。

在共享业务处理方面,以差旅费报销业务为例,若全集团实行统一的差旅费管理标准,则差旅费报销业务可视为共性业务,由总中心负责服务和处理;反之,若各板块间的差旅费报销业务规则不统一,则应交由各分中心处理(图2-5)。

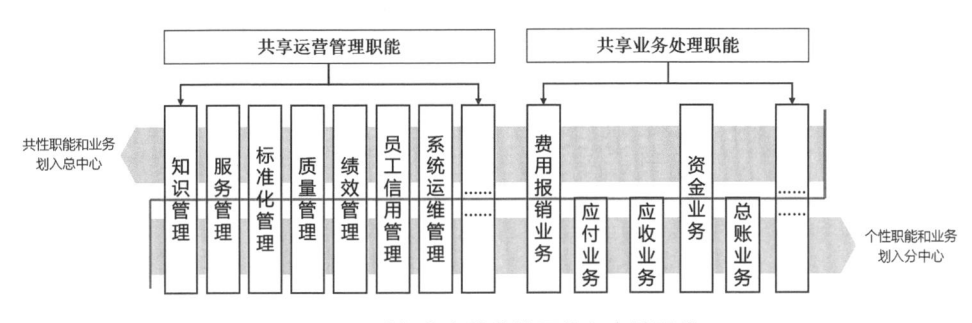

图2-5 财务共享的共性职能和个性职能

因此,"总—分"式多中心财务共享服务组织方案设计,本质上是一个识别和决策共享服务职能分布——哪些属于共性职能应集中共享,哪些属于个性职能应分散服务的过程。只有精准界定两者之间的职责边界,才能充分发挥多中心模式的差异化服务优势,进而提升财务共享服务的整体效能。

四、小结

关于企业财务共享服务中心组织形式的选择,由于不同企业运营和管理的差异,各企业构建财务共享模式的基础不尽相同,没有一种普遍适用的最优组织架构标准,我们在规划财务共享服务中心的组织架构时,必须结合企业的实际情况,深入剖析集中式与"总—分"式财务共享服务中心的不同效果,既要凸显共享集中的规模效应,又要充分考虑组织分散带来的差异化服务价值,对设计方案进行详尽的论证和权衡,确保制定出与企业需求相匹配的、能够高效提供财务共享服务的设计方案。

第二节　财务共享服务中心对上市监管法规的遵从

当前,我国财政部、国资委等相关部门积极倡导企业构建财务共享服务中心,同时,证监会也针对上市公司的财务独立性发布了相应的法规指引。因此,上市公司在建立财务共享服务中心的过程中,首要任务是妥善应对证监会的独立性要求。

本节将从组织人员、制度流程、数据信息以及信息系统四个维度探讨上市公司应如何针对独立性要求采取相应的应对措施,旨在为上市公司的财务共享服务中心建设提供方向性的指引。

一、上市公司独立性法规解读

2018年,我国证监会发布了修订版《上市公司治理准则》,其中,第六十八条明确指出:"控股股东、实际控制人与上市公司应当实行人员、资产、财务分开,机构、业务独立,各自独立核算、独立承担责任和风险。"第七十一条指出:"上市公司应当依照法律法规和公司章程建立健全财务、会计制度,坚持独立核算。控股股东、实际控制人及其关联方应当尊重上市公司财务的独立性,不得干预上市公司的财务、会计活动。"

针对国内上市公司的独立性要求,我们可以将其概括为"三独立"和"五分开"原则。

所谓"三独立",是指上市公司必须构建独立的生产、供应、销售系统,并具备直接面向市场独立经营的能力。

"五分开"原则是上市公司法人治理结构的基础和核心。根据《上市公司治理准则》及我国证监会关于上市公司运作的规范性文件,上市公司与股东应实现人员、资产、财务的分开,确保机构、业务的独立,各自独立核算,独立承担责任和风险。这样的规定有助于保障上市公司的独立性,促进上市公司的健康稳定发展。"五分开"原则的核心目标在于确保上市公司与其股东或者发起人之间保持适当的距离,从而在业务、资产、人员、机构和财务这五个方面实现真正的独立。

"五分开"原则具体涵盖业务、资产、人员、机构和财务五个方面。其中,"业务分开"要求股东或发起人与上市公司不得经营相同业务,以防止形成恶性竞争,确保上市公司的利益不受损害。这是避免关联交易和同业竞争的必然之选。"资产分开"强调股东或发起人的资产必须与上市公司资产明确区分,禁止将上市公司资产私自占用,这是《中华人民共和国公司法》对股东出资的明确要求,也是保持公司法人独立性的基石。"人员分开"旨在防止因人员交叉任职导致的业务、财务甚至资产交叉,保障决策的中立性和有效性,避免上市公司在处理事务时陷入困境。"机构分开"意味着上市公司的董事会、股东会、监事会必须与股东机构保持独立,确保上市公司决策的独立性和上市公司的利益安全。"财务分开"要求股东或发起人应尊重上市公司的财务体系独立运作,因为财务系统涉及资产、债权债务以及运营成本等核心问题,财务独立至关重要。

二、上市公司财务共享服务中心独立性要求及应对

针对国内上市公司独立性要求,旗下拥有上市公司的企业集团在构建财务共享服务中心时,应严格遵循监管要求,全面考量组织人员、制度流程、数据信息以及信息系统等因素,以确保上市公司的合规性与独立性。

(一)组织人员的独立性

为了既遵循《上市公司治理准则》关于人员与财务独立的规定,又

能实现物理上的人员集中,从国内企业集团财务共享服务中心的实践经验来看,通常有以下两种组织设计方案。

一是将上市公司的财务共享人员独立设置,不纳入集团的财务共享服务中心,确保他们地位独立且仅处理上市公司的财务业务。在这种模式下,上市公司独立设立财务共享服务中心,保障其财务处理的独立性和专业性。

二是将上市公司财务共享人员纳入集团财务共享服务中心,但在集团财务共享服务中心内部单独成立上市公司运营部,以便专门处理上市公司的财务业务。这些财务共享人员需专人专岗,不得在财务共享服务中心的其他组织或外部单位兼职,以确保其与非上市公司的业务完全隔离,避免交叉。此外,上市公司与非上市公司的作业人员应保持各自独立。处理上市公司业务的作业人员直接与上市公司签订劳动合同,建立劳动人事关系,并且上市公司作业人员的办公场所也应单独设立,以确保其工作的独立性和保密性。处理非上市公司业务的财务共享服务中心员工和后台管理支持人员则统一与某一个非上市法人主体签订劳动合同,办公场所可以共用,以提高资源利用效率。

对于存在多家上市公司的情况,组织、人员、办公场所的设计处理也应遵循上述原则,以确保各上市公司的独立性。

(二)制度流程的独立性

财务共享服务中心在处理业务流程时,应确立一套严谨的审批制度,特别是针对上市公司业务,必须严格遵循各单位的财务审批权限,独立设置服务流程,并进行专项处理,以确保业务处理的合规性和独立性。

至于财务共享服务中心内部的管理制度,如人员管理、绩效管理等方面,则适用于中心内部所有人员,无需区分上市公司与非上市公司。这有助于维护内部管理的统一性和高效性,从而确保财务共享服务中心的顺畅运作。

(三) 数据信息的独立性

依据《上市公司信息披露管理办法》的明确规定:"上市公司的股东、实际控制人不得滥用其股东权利、支配地位,不得要求上市公司向其提供内幕信息。"因此,上市公司在数据信息处理方面应严格遵循监管要求。例如,财务共享服务中心应建立严密的信息隔离和保密制度,对信息的查询和使用实施严格的限制和约束措施,以确保公司数据信息的安全性和合规性。

(四) 信息系统的独立性

对于旗下拥有上市公司的企业集团,其通常采用集团统一的财务共享平台,并应用多中心模式以适应不同需求。针对各上市公司,集团总部可以设计独立的权限、表单和流程,确保业务处理的独立性。同时,对于作业中心人员所使用的账户,需从操作和权限层面进行细致分离,以确保信息安全和职责明确。

对于财务核算等系统的规划设计,一种方案是在满足集团统一规划的前提下,统一部署上市公司和非上市公司的核算系统,但务必确保账套、数据、权限等的严格隔离;另一种方案是独立部署上市公司的核算系统,从财务共享平台获取凭证,实现数据的单独存储,以确保上市公司财务信息的独立性和安全性,这样的设计既能满足集团的统一管理需求,又能确保各上市公司的财务独立性。

三、小结

旗下拥有上市公司的企业集团在规划构建财务共享服务中心和财务共享平台的过程中,应充分平衡集团统一管控的诉求与上市公司的独立性要求,从财务共享组织设计、职责界面划分、人员部署安排、流程设计优化以及系统部署配置等方面入手,推动满足上市公司独立性要求的"总—分"式财务共享服务中心建设;同时,还需确保这些措施能够满足集团和上市公司各自的经营管理需求,实现集团管控与上市公司独立性的和谐统一。

第三节　财务共享服务中心标准化体系设计

当企业历经艰辛、克服重重难关,终于迎来财务共享服务中心上线时,却可能发现这并非终点,而是一个崭新的起点,因为随着业务迁移的完成,一系列挑战和问题也接踵而至。经过深入分析,我们发现其中一个主要原因在于标准化体系的建设尚未完善。

本节将深入剖析财务共享服务中心在不同发展阶段所面临的标准化建设中的重点和难点,并借鉴最佳实践案例,从标准化框架体系、内容、实施路径及方法等多个维度提出切实可行的解决措施,旨在帮助企业更好地把握财务共享服务中心建设过程中的标准化体系建设路径和方法。

一、建立标准化全景框架体系

随着理论研究的日益深入和实践经验的不断积累,众多企业在财务共享服务中心建设的初期便认识到了标准化体系的重要性。然而,当企业试图明确"标准化体系构成要素的全面考量方法有哪些"以及"标准化全景框架体系所涵盖的具体工作内容是什么"时,却往往发现这些问题的答案并不完全清晰,这导致企业在实际操作中如同"盲人摸象",缺乏整体性的认知。此外,部分企业仅仅从财务的角度看待标准化体系的建设,过分关注账务处理,忽视了从业务发生到结果输出的端到端治理体系,从而导致了财务端与业务端的割裂。

基于财务共享服务中心作为交易处理中心、资金结算中心以及数据赋能中心的职能定位,标准化全景框架体系应当涵盖制度层、数据层和操作层三个层级的内容(图2-6)。

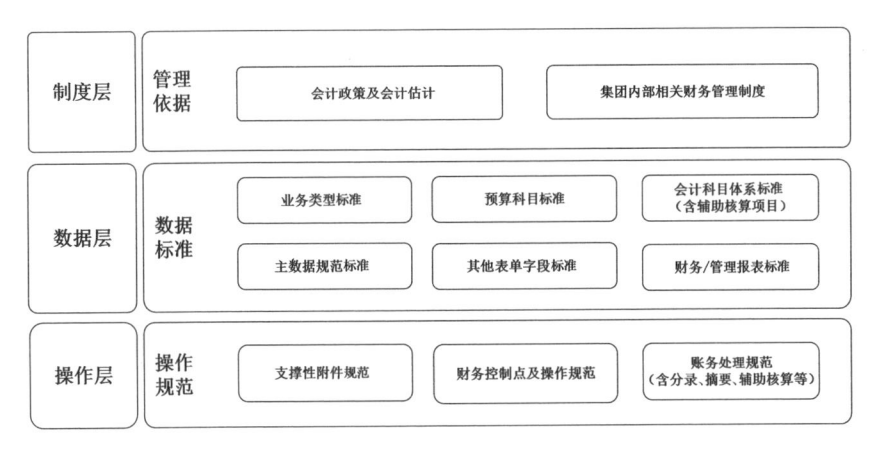

图 2-6 标准化全景框架体系

（一）制度层框架体系

制度层框架体系建设的核心要义在于明确财务共享服务中心作业的管理依据，这些依据包括内部和外部两个方面。首先是集团外部会计政策及会计估计，它们主要是为了满足外部合规性需求。财务共享服务中心必须根据国家会计政策及会计估计的要求，清晰地界定各项会计要素的确认、计量及披露标准，并在内部形成统一的标准，如固定资产的确认标准以及折旧方法等。其次是集团内部的财务管理制度，这些制度主要是为了满足内部管理需求，如集团对各项费用的管控要求、开支范围、开支标准，以及这些标准是否符合国家相关规定和集团内部的费用管控目标等。由于集团内部的财务管理制度范围广泛，在构建财务共享服务中心的过程中，我们应重点关注那些与财务共享服务中心的核算职能定位紧密相关的制度，或是在核算处理过程中需要特别管控的制度。

（二）数据层框架体系

财务共享服务中心的核心价值在于数据的采集、加工与输出，因此，企业需要建立端到端的数据标准，并形成清晰的映射关系。数据标准包括但不限于以下几个方面。

（1）业务类型标准：针对纷繁复杂的经济事项（业务场景），企业需定义标准的业务类型，并建立统一、清晰的语言体系，以确保信息的准确传达和理解。

（2）主数据标准：在财务加工处理过程中，需要采集的数据包括组织、人员、客户、供应商、项目、物料等各项主数据。对于这类主数据，企业内部应设立数据负责人，而财务部门则作为数据的使用方负责反馈需求及问题，以确保数据的准确性和一致性。

（3）其他表单字段标准：除了业务类型和主数据，企业在日常业务中还会积累大量的其他数据，这些数据通常以表单字段的形式呈现。因此，企业也需要对这些表单字段进行规范，以确保数据的完整性和规范性。

（4）预算科目标准：为了规范预算管理口径，企业需要对经济事项进行预算科目的规范定义，以便于预算的制定、执行和考核。

（5）会计科目体系（含辅助核算项目）标准：企业应按照国家会计政策的要求，建立会计科目以及辅助体系，以确保会计核算的准确性和规范性。

（6）财务/管理报表标准：各类经济事项核算完成后，企业需要按照一定的格式和要求出具报表，因此，财务/管理报表的规范也是数据标准的重要组成部分，它有助于企业更好地理解和分析财务状况和经营成果。

（三）操作层框架体系

操作层框架体系建设主要在于定义财务共享服务中心的操作规范，即针对每一个经济事项制定明确且统一的支撑性附件规范、财务控制点及操作规范、账务处理规范，并基于这些规范形成标准的操作指南（standard operating procedure，SOP），用以指导财务共享服务中心中每一个岗位的作业执行。

企业在建设财务共享服务中心的过程中可以对照以上维度，根据"统一＋合规"的管理要求，对自身标准化基础进行诊断，从而明确建设差距（表2-1）。

表 2-1 标准化对标诊断维度表

建设层级	建设内容	主要诊断维度	问题类型	关注重点
制度层	会计政策及会计估计	1. 各项会计要素是否存在不合规的确认及计量方式，是否满足披露要求 2. 针对各项会计要素，集团内部是否形成统一的确认及计量标准	点式	1. 避免会计要素确认不合规导致的审计及合规风险 2. 避免内部标准不统一导致的数据不可比问题
制度层	集团内部相关财务管理制度	1. 集团内部相关财务管理制度是否符合共享模式下的管理要求 2. 集团内部相关财务管理制度是否对重点管控事项建立清晰、一致的管理要求	点式	1. 关注共享模式下制度的适配性 2. 关注管控规则的清晰、准确、一致
数据层	业务类型标准	1. 是否已针对各类经济事项建立清晰的标准业务类型体系 2. 各单位业务类型分类体系是否统一 3. 业务类型分类体系是否合理（不重不漏、命名简单清晰、财务语言业务化等）	整体	1. 业务类型是一系列标准化映射关系的载体，是非常重要的数据分类体系 2. 业务类型多由业务人员选择，因此需格外关注分类体系的合理性及易用性，避免影响员工体验
数据层	主数据标准	1. 企业内部针对各类主数据是否有明确的数据负责人及完整的管理机制 2. 各类主数据是否有统一的源系统或主数据平台 3. 各类主数据是否完整、准确、一致	点式/整体	主数据虽然非财务部门主导，但是主数据的质量对共享建设至关重要，影响业务与财务端到端协作
数据层	其他表单字段标准	1. 其他字段规范涉及哪些利益相关方，有哪些诉求 2. 是否已建立清晰、明确、统一的数据字段标准	整体	表单设计时需重点关注其他字段影响财务共享服务中心数据采集的范围及未来价值
数据层	会计科目体系（含辅助核算科目）标准	1. 集团内部各单位会计科目体系（含辅助核算科目）设置是否符合政策制度要求 2. 会计科目体系（含辅助核算科目）是否统一，是否能够支撑管控策略 3. 会计科目体系（含辅助核算科目）设置是否合理、规范	整体	会计科目体系是最重要的财务数据体系，需重点关注科目的统一程度，以及统一程度是否可支撑集团管控策略

(续表)

建设层级	建设内容	主要诊断维度	问题类型	关注重点
数据层	预算科目标准	1. 集团内部预算科目体系设置是否满足集团预算管理要求 2. 预算科目体系是否统一,是否能够支撑管控策略 3. 预算科目体系分类是否合理、规范	整体	预算一般在核算作业流程中予以控制,因此需重点关注预算科目与业务类型及会计科目的映射关系
	财务/管理报表标准	1. 财务/管理报表是否规范、一致 2. 财务/管理报表对数据采集及加工口径的需求是否明确、清晰	点式	从决策角度提炼报表需求,从报表角度提出数据采集及加工要求
操作层	支撑性附件规范	1. 针对同一经济事项,集团内部各单位支撑性附件是否一致 2. 附件规范是否存在冗余或不足 3. 附件格式是否规范	整体	—
	财务控制点及操作规范	1. 针对同一经济事项,集团内部各单位是否遵循一致的财务控制点及操作规范 2. 财务控制点是否完整、清晰,并形成细化可操作性的SOP操作指南	整体	重点关注智能审核规则的提炼,通过系统内嵌,实现自动审核
	账务处理规范(含分录、摘要、辅助核算等)	1. 针对同一经济事项,集团内部各单位是否遵循一致的账务处理规范 2. 账务处理是否合规、清晰	整体	重点关注核算口径的一致性

二、业财协同共建端到端流程标准化体系

在端到端流程标准化全景框架体系中,标准化体系建设不是财务共享服务中心一个部门的工作事项,它需要财务内部各团队以及业务相关部门的紧密协作与配合。通常情况下,业务类型、会计科目体系(含辅助核算项目)、支撑性附件规范、财务控制点及操作规范、账务处理规范等内容的制定由财务共享服务中心主导,其他相关部门则提供必要的支持与配合;而会计政策及会计估计、集团内部相关财务管理制度、

预算科目、主数据规范、财务/管理报表等方面的工作则由相关责任部门主导,财务共享服务中心只需提供相应的协助与配合(图2-7)。

		共享部门主导,其他部门配合	其他部门主导,共享部门配合
制度层	管理依据		会计政策及会计估计　集团内部相关财务管理制度
数据层	数据标准	业务类型标准　会计科目体系(含辅助核算项目)标准	主数据标准　预算科目标准 财务/管理报表标准
操作层	操作规范	支撑性附件规范　财务控制点及操作规范 账务处理规范(含分录、摘要、辅助核算等)	

图 2-7 标准化协作部门

财务共享服务中心应积极推动"一把手"工程的定位策略,借助"一把手"的力量来推动部门间的协作,并在工作中明确标识出各阶段的协作部门及具体协作内容,以确保端到端全流程的标准化体系建设得到有效实现。

三、标准化体系建设应明确分步骤分阶段进行

端到端流程标准化体系建设工作内容烦琐,业财衔接紧密,需跨部门协调的事项众多,而且其与企业业态的多样性和复杂度、核算基础、管理成熟度以及信息系统基础息息相关。因此,标准化体系建设是一项需要不断迭代且相对漫长的工作。当上线任务紧迫时,企业往往会面临长期目标(如完整性、精细度)与短期目标(上线运行)之间的冲突与平衡。因此,企业需要结合自身的实际情况,明确建设方向和阶段目标,做好"长期准备"与"短期速赢"之间的平衡,以确保标准化体系建设工作的顺利进行,并取得实效。

(一)建设内容分阶段

针对财务共享服务中心主导的标准化体系建设事项,企业应基于

建设内容的重要性水平、影响范围以及是否具有统领性等因素,进行整体规划和分阶段建设。

1. 第一阶段

建设内容:业务场景梳理及会计科目体系优化。

业务范围:全组织全业务。

2. 第二阶段

建设内容如下:

(1) 优化会计科目体系(含辅助核算项目),明确集团管控策略及管控要求,据此进行科目体系的统一及优化。

(2) 基于业务场景建立标准业务类型和账务处理规范,以满足财务共享流程上线自动生成凭证的要求。

(3) 进行标准表单设计,明确表单字段要求。

业务范围:会计科目体系优化需基于全组织全业务,场景梳理及表单设计可按照上线业务滚动推进。

3. 第三阶段

建设内容:基于标准业务类型梳理支撑性附件、财务控制点,及操作规范、账务处理规范。

业务范围:按照上线业务滚动推进。

(二)组织推进分阶段

第二阶段和第三阶段的建设内容通常与组织推进的批次息息相关。考虑到标准化的持续迭代性质,这些阶段的建设内容可以与实施上线的组织范围相匹配。在推进过程中,企业可以基于已上线的组织进行样本单位的选择,并随着建设的逐步推进和样本的不断积累持续进行标准化的迭代和完善。

四、建设期标准化领先实践案例分享

以某大型企业集团 A 集团为例,A 集团业务板块众多,分支机构地域分布广,企业管理层级多,标准化基础参差不齐,集团管控力度相对较弱。A 集团在 2019 年启动了财务共享服务中心的建设工作,并于 2021 年完成了核心组织及核心业务的共享纳入工作,财务共享平台上线运行。然而,在上线 1 年多后,A 集团发现财务共享服务中心的运行效果并未达到预期。经过对前期标准化工作的复盘,专家团队发现,A 集团在管理共识、观念认知以及工作方法上都存在诸多问题,这些问题导致了建设效果不理想。

(一) 领导层认知不一致

1. 问题描述

A 集团领导层对标准化建设的复杂程度、迭代周期与建设周期的认知存在不足或不一致:或是对其缺乏重视、投入不足;或是过于乐观,认为短期内可以迅速完成。这导致了标准化建设缺乏整体规划。

2. 问题解析

以上问题的根源在于每个人对标准化内容和范围的理解不一致,无法基于同一基准进行合理判断。因此,对于企业来说,首先应及时邀请专业机构进行标准化诊断,明确企业现状与业界领先实践的差距,自上而下建立全景标准化框架体系,明确建设内容、建设方向及分阶段建设路径;其次应从端到端全流程审视标准化建设内容,充分调动外部力量的参与和支持,避免标准化建设出现"财务有心而力不足,业务有力而心不足"的问题,从而影响端到端流程标准化体系建设的效果;最后主要领导层应建立合理且一致的心理预期,充分认识到各阶段的核心矛盾和问题,据此匹配资源,推动业财协同共建。

(二) 标准化与个性化不平衡

1. 问题描述

在财务共享标准化体系建设的实际推进过程中,挑战接踵而至。A 集团业务板块众多,场景复杂多变,企业在实际操作中需仔细权衡标准化与个性化的关系,过于严格的管控可能导致企业僵化,缺乏灵活性,而放任不管则意味着标准化的失效,其中的度应如何把握?

2. 问题解析

首先,A集团应自上而下地从管理层面出发,基于"风险管控"和"效率提升"两个维度,综合考虑财务共享服务中心的定位,即明确其管理范围和要求。对于A集团来说,针对风险较高或效率亟待提升的业务,应加强集团管控,制定统一标准;对于风险程度一般但效率亟须提升,或风险程度高但效率尚可的业务,在不违反集团管控原则和底线的前提下,可根据实际业务或管理的特殊性保留部分标准上的差异,但需在集团层面上进行备案。

其次,A集团需要自下而上地从执行层面出发,分析每一项标准化内容的具体差异原因。如果它们是由天然的业务特性或合理的管理差异引发的,那么A集团应尽可能地保留这些差异;如果差异是由规则不明确或执行手段不到位导致的,那么A集团就必须坚持统一标准,并在统一标准的过程中列出若干类合理、清晰且准确的备选规则,以供执行者根据实际情况进行选择和调整,从而更好地满足业务需求和管理要求。

总结实践案例,我们可以发现财务共享服务中心的个性化建设往往基于两种情境:一是当标准流程和作业规则无法有效管控风险时;二是当标准流程和作业规范无法满足业务处理时效要求时。针对这两个问题,企业的视角需要从财务后端的核算付款环节跳出来,向业务前端延伸,探索在前端嵌入财务处理环节或提高前端流程及业财交互的时效,从而跳出差异表象,从业务与财务端到端的角度深入挖掘问题的本质,并采取有效的应对措施。

(三)共享团队力量薄弱

1. 问题描述

在建设初期,由于财务共享服务团队对各单位的业务尚不熟悉,难以明确如何定义相关规则;同时,由于业务单位众多,财务共享服务团队的精力有限,也不清楚如何以低成本、高效的方式开展标准化建设工作。

2. 问题解析

首先,标准化建设并非仅由财务共享服务中心筹备组或相关岗位独自承担,而应充分发挥团队合力的作用。在这个过程中,共享财务、战略财务以及业务财务都应积极参与,并对各项工作明确各自的责任和目标要求。

其次,标准化建设工作的推进需要建立在合理抽样的基础之上。具体而言,企业应基于选定的样本单位和样本业务来制定规则。随着组织范围的逐步扩大,这些规则也应随之迭代完善;否则,如果样本单位过多,将会极大地牵制财务共享服务中心团队的工作精力。

最后,针对选定的样本单位,企业应阶段性地抽调其精干力量参与标准化建设工作。这些人员要及时、全面、完整地反馈本单位的诉求和处理现状,协助制定标准化规则,并完成相关的知识转移工作。

(四) 标准化各要素之间的联动关系被忽视

1. 问题描述

在早期建设阶段,A集团主要聚焦核算工作,尤为强调会计科目的调整、场景信息的收集以及会计科目映射的设置。然而,企业在推进这些工作的同时,却忽视了它们与标准化建设其他要素(如预算科目设定、主数据治理等)之间的联动关系。这种忽视导致了整体标准化建设效果的不尽人意。

2. 问题解析

A集团应当从全局的角度审视标准化工作,动态关注标准化内容之间的联动关系,并及时推动相关建设内容的协同治理;在后续重启标准化体系建设的过程中,应重点关注各要素之间的联动关系,尤其要推动预算科目体系治理与主数据治理的协同工作。

五、运营期标准化领先实践案例分享

以某大型企业集团B集团为例,B集团于2018年成功将全组织及全部核算业务纳入财务共享服务中心处理，其财务共享服务中心也正式上线运营。在建设阶段，B集团已投入大量资源进行标准化体系建设，完成了全集团层面的会计科目体系优化及统一，并基于业务场景建立了标准的SOP操作指南，同时实施了智能审核应用。然而，随着财务共享服务中心的持续运营，B集团面临的问题和挑战更多聚焦于标准化精度及应用性的提升、管理机制的完善以及未来数据赋能的潜力挖掘。

（一）标准化SOP操作指南精度及应用性不足

1. 问题描述

B集团目前使用的标准化SOP操作指南的精细度不足，无法有效实现精准知识的沉淀与传递，难以精确指导业务人员进行业务操作；同时，表单字段语言过于偏向财务属性，分类逻辑也不够清晰，使得业务侧在理解和填单时面临较多困难。

2. 问题解析

现阶段，企业财务共享服务中心的工作重心已从建设期的广度追求转向运营期的深度与精度追求。因此，B集团应将SOP操作指南进一步细化至可操作级别，确保指南的详尽与精确；同时，将表单字段中晦涩难懂的专业财务语言转化为易于理解的业务语言，确保信息的有效传递；在分类时，需关注逻辑体系的清晰性，避免维度过多导致的逻辑混乱，从而最大化地提升业务操作的便捷性和友好度，优化整体体验。

（二）缺乏标准化持续迭代的闭环管理机制

1. 问题描述

B集团未制定完善的标准化管理机制，也未组建专职的标准化团队去推动标准化体系的持续改进。

2. 问题解析

首先，B集团财务共享服务中心应设立专门的标准化或质量部门，由其持续牵头并推进标准化体系建设工作。其次，B集团财务共享服务中心应构建一个"质量管理—标准化管理—质量管理"的闭环机制，以确保标准化与质量管理之间的有效衔接与循环。例如,当财务共享服务中心在执行质量监控程序并发现质量问题时,需进行深入分析,若确定问题源自标准不清晰、不统一或不合理,则需及时对标准进行重新定义,在标准更新后对相关员工进行培训,以确保其理解和遵守新的标准,并通过实际操作来检验新标准的有效性,从而形成闭环管理,持续提升标准化与质量管理水平。

(三) 财务共享服务中心对新业务响应不足

1. 问题描述

针对持续出现的新业务或者新建/并购组织的纳入,财务共享服务中心缺乏快速响应机制。

2. 问题解析

针对此问题,B集团应聚焦解决管理机制方面的不足。

第一,需要明确业务财务的信息反馈职责,确保各单位出现的新业务或新模式能够及时、有效地反馈至财务共享服务中心。

第二,财务共享服务中心应赋予相关岗位沟通角色及职责,使他们能够积极主动地与业务财务进行对接,深入了解新业务,并调动中心内部资源以做出及时响应。

第三,财务共享服务中心内部应建立一套快速响应的沟通机制,推动新业务的项目化运作,确保中心能够高效、有序地承接新业务,从而不断提升服务质量。

(四) 财务共享服务中心数据挖掘不深,数据价值发挥不足

1. 问题描述

财务共享服务中心虽然沉淀了大量数据,但缺乏对数据的深入挖掘,同时缺乏可视化的展示及分析工具,因此无法深度利用并充分发挥数据的价值。

2. 问题解析

大多数进入运营期的财务共享服务中心都面临一个共同的新挑

战,即企业需从数智化视角出发,持续洞察业务需求,识别数智化场景,并根据这些需求和场景搭建相应的模型,以深入挖掘数据价值。B集团在这方面做出了积极探索,即基于价值管控的理念,搭建了一套自上而下的数据分析体系,并利用可视化数据分析平台进行数据的多维展示。通过这种方式,B集团能够基于数据变化及时动态地了解关键指标的穿透影响,帮助经营层更有效地进行业绩管理。

六、小结

标准化体系建设是财务共享服务中心实现卓越运营的基础。通过标准化体系建设,企业可以统一沟通语言,提升财务共享服务中心的运营水平。同时,标准化体系建设也是企业财务共享服务中心迈向自动化、智能化的基础,它基于流程建立清晰、一致的规则,为大规模的自动化、智能化建设及应用奠定坚实的基础,从根本上推动财务作业效率的提升。此外,标准化体系建设还是财务数字化的基础。财务数字化依赖于高质量、丰富的数据资源,而财务标准化则对数据采集、加工、输出全流程进行标准化规范,从而有效服务于决策支持。标准化体系建设虽不易却值得,对于每一个企业的财务共享服务中心而言,都需要基于普遍规律,找到适合自己发展的路径和节奏。

第四节 财务共享服务中心组织人员规划

在财务共享服务中心的建设过程中,人员规划是一个至关重要的环节,它涉及职责调整、岗位变动、编制规模测算等敏感而复杂的问题,因此组织人员规划往往备受关注,特别是关于人员数量的合理测算更是关注的焦点。许多企业在财务共享服务中心上线之初就期望能迅速实现显著的减员效果,但从实践经验来看,这种期望并不符合实际规律。实际上，在财务共享服务中心上线初期，人员数量不降反增的情况时有发生。那么，究竟是什么原因导致了这种现象？又该如何科学地进行人员数量的规划？影响规划的因素有哪些？测算的方法又是怎样的？本节将对这些问题进行逐一深入探讨。

一、人员数量缩减预期应符合规律

根据实践经验，财务共享服务中心在建设阶段的不同时期往往会出现人员数量先增后降的情况（图 2-8）。在试点期，随着各项工作的推进，财务共享模式下的人员数量相较于传统财务模式会呈现出阶段性的增加。在推广期，财务共享服务中心的推广建设逐渐深入，组织范围和业务量的不断扩大带来的规模优势、效率提升以及人员数量的缩减效应逐渐显现。在成熟期，这种规模效应和效率提升所带来的人员数量缩减优势愈发明显。

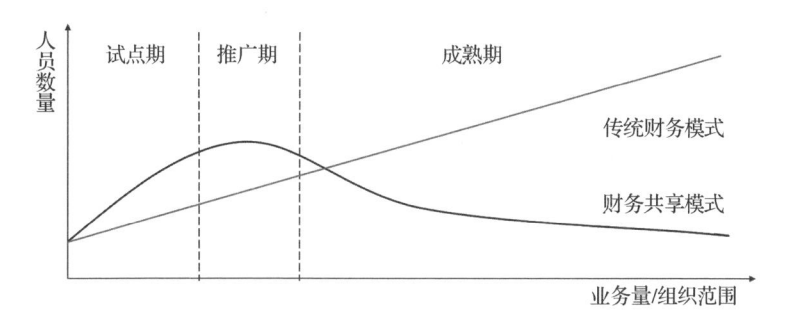

图 2-8 财务共享服务中心人员数量变化经验曲线

在试点期，财务共享服务中心人员不降反增的主要原因在于以下几点。

（1）试点期需要投入一定的人员参与项目建设，包括流程梳理、标准化规范、方案宣导、数据清理等各项工作。

（2）财务共享平台上线后还需人员持续牵头业务推广，这涉及大量的沟通和系统实施工作。

（3）财务共享服务中心作为新成立的部门，需要新增运营岗位人员。

（4）财务共享平台上线初期涉及系统功能优化和流程迭代等工作，需要人员进行业务磨合。

（5）财务共享平台上线初期涉及组织机构调整和职责切分等工作，需要人员进行管理磨合。

（6）财务共享服务中心成立初期，相关人员需要学习并熟练业务，进行岗位磨合。

整体来看，财务共享服务中心的建设就像建造一座大楼，在初期打地基时，资源消耗和人员占用极大，但效果却并不显著。但随着地基的稳固，后续高楼拔地而起，建设的速度逐渐加快，人员占用会逐渐减少。

企业在进行人员数量测算时，如果仅仅以岗位职责清晰、业务规范、系统稳定、员工熟练等理想化的状态为前提条件，往往容易导致人员数量的低估。因此，企业在进行人员数量规划时，应基于两个关键因素进行必要的修正，首先要考虑到正常业务处理水平所需的人员数量；其次还要适当考虑试点期和推广初期因磨合而可能导致的人员增量，以确保项目建设初期资源充沛，待磨合期结束后，再逐步将人员数量调整至正常水平。

二、人员数量测算不能仅凭简单的公式计算

如何确定正常业务处理水平下所需的人员数量呢？许多企业要么简单地套用标准公式进行直接计算，要么"脑袋一拍"仅凭感觉进行大概估算。这些方法都缺乏科学性和合理性。因为人员数量的确定从根本上依赖于财务共享服务中心的整体组织规划，它与组织目标、组织定位、职责范围、组织架构、岗位设置、岗位职责及技能要求等因素息息相关、相互影响、不可割裂（图2-9）。

有些企业在没有审慎思考这些前置性因素，或者组织方案尚未确

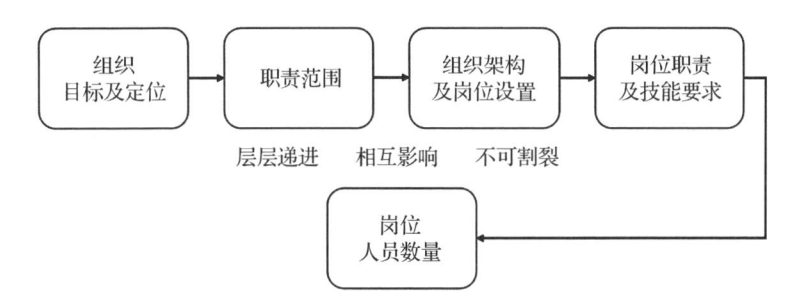

```
组织              职责范围      组织架构       岗位职责
目标及定位                      及岗位设置     及技能要求
              层层递进    相互影响    不可割裂
                              岗位
                              人员数量
```

图 2-9　财务共享服务中心人员数量层层递进关系

定的情况下，就进行人员数量的估算，这往往导致人员数量偏差极大。人员方案一旦经过上会决议，便无法随意更改，这可能导致财务共享服务中心的人力资源受限，各项工作因此受到严重制约。

还有一些企业将组织的各项要素割裂开来看待，未能通盘考量，这往往导致顾此失彼。例如，不考虑职责范围的广度和深度变化、业务单位数量及业务量的变化以及岗位设置与分工模式对人员数量的影响等因素，最终，在各项要素相互交织、相互影响下，企业可能会感到一头雾水，纷乱如麻，无法准确确定所需的人员数量。

那么，正确的步骤究竟是怎样的呢？我们结合大量财务共享服务中心人员规模测算的实践经验，总结出如下几点建议。

第一，企业应重点思考建设财务共享服务中心的核心目标和定位，因为这决定了财务共享服务中心在运营中发挥作用的深度。

第二，基于目标和定位的剖析，企业可以聚焦财务共享服务中心职责范围的广度和深度。许多企业在考虑业务纳入范围时，往往只关注业务纳入的广度，如费用、采购、销售等业务，却忽视了业务纳入的深度，即财务共享服务中心与业务财务之间的职责边界切分不够清晰。具体而言，企业并未将所有可标准化的审核事项全部纳入财务共享服务中心，也未对业务财务的核算职责进行深度剥离。很多企业在业务纳入后，仍然在业务财务部门保留了大量的审核职责，导致业务虽然有了广度，但缺乏深度。

第三，企业应考虑财务共享服务中心的组织架构及岗位设置。这将决定未来财务共享服务中心需要设置哪些岗位类别，以及这些业务类别应如何进行分工。

第四，企业应明确财务共享服务中心的岗位职责及技能要求。每个岗位的职责范围及技能要求将直接影响所需人员的数量，以及对人员能力层次的要求。

只有在审慎考量以上因素并形成明确可行的方案后，企业才能对人员需求数量进行合理判断。此外，当发现人员数量存在无法弥补的缺口时，企业需要反向思考并对前序环节进行匹配调整，以确保各个环节之间的契合，避免产生冲突与紊乱。

三、人员数量测算的影响因素

在组织层面的前置因素考量完毕，进入具体测算环节时，企业应综合考虑如图 2-10 所示的影响因素。

1	2	3	4
财务共享服务中心组织范围及业务量	财务共享服务中心职责范围及职责深度	财务共享服务中心业务处理自动化/智能化程度	财务共享服务中心专业化程度及人员技能水平

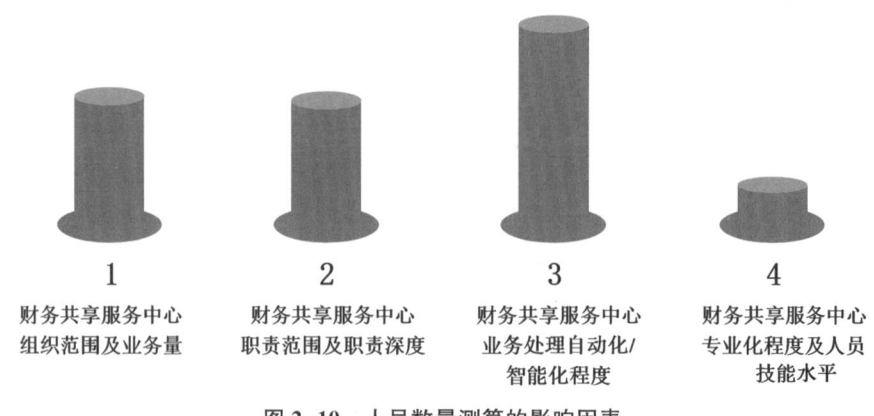

图 2-10 人员数量测算的影响因素

影响因素 1：组织范围及业务量。财务共享服务中心纳入的组织越多，业务量规模越大，所需的人员数量就越多；反之，则相对较少。此外，当企业业务量增速特别快时，企业更需要考虑适当增加人员储备，以确保业务高效、稳定地开展。

影响因素 2：职责范围及职责深度。 财务共享服务中心所纳入的职责范围越广，职责深度要求越高，所需的人员数量也越多；反之，人员数量则越少。

影响因素 3：业务处理自动化/智能化程度。 随着业务处理自动化和智能化程度的提升，所需的人员数量会相应减少；反之，则可能需要更多的人员来支撑业务。

影响因素 4：专业程度及人员技能水平。 财务共享服务中心的专业化分工程度越高，人员素质越高，技能越熟练，所需的人员数量就会越少；反之，则可能需要更多的人员来填补技能和专业上的不足。

综上所述，企业在规划财务共享服务中心的人员数量时，需要综合考虑以上因素，确保人员配置与业务需求、职责范围、自动化/智能化水平以及人员素质技能相匹配，从而实现财务共享服务中心高效、稳定、可持续的运营。

四、人员数量测算的具体方法

财务共享服务中心的人员主要可分为业务处理类人员和管理类人员（含运营岗位人员）。企业一般采用定性方法对管理类人员数量进行评估，并根据岗位设置确定人员数量。下面我们重点针对业务处理类人员数量的测算方法进行说明。

第一，工作事项梳理及业务量统计。企业需要根据财务共享服务中心的岗位设置明确各岗位所承担的具体工作事项，并针对这些工作事项统计每项工作的月均业务量，如单据数量、凭证数量、开票量等。

第二，预估单笔工作耗时。企业需要根据业务流程的设计方案及系统实现方案预估每个工作事项的平均工作耗时。

第三，确定每日有效工作时长。每日有效工作时长是指总工作时长减去必要的工作间歇、培训、开会等时间，通常这一时长在 6 小时至 7 小时之间。

第四，计算人员需求数量。具体的计算公式为：月均业务量×单笔工作耗时÷21天×每日有效工作时长。

第五，数量修正。上述计算公式是基于每月业务量均衡分布的假设，但在实际工作中，各岗位工作可能存在波峰和波谷。因此，企业需要对计算结果进行一定的修正，以确保在高峰期工作能够得到及时处理。

五、小结

财务共享服务中心的人员数量不能简单地用公式计算或随意估算，它与组织、流程、系统等多个方面均存在紧密的连带关系。在各项因素的综合影响下，企业需要最终确定人力资源的合理需求。若人数配置不足，财务共享服务中心的正常运行将会受到负面影响。例如，人员疲惫、积极性受挫和普遍抱怨等问题会随之出现，作业质量也会因此下降，进而可能引发合规风险。此外，用户满意度也会下降，在极端情况下，这些问题甚至可能导致财务共享服务中心无法发挥其应有的价值。相反，若人数配置过多，则会造成资源的闲置和浪费，员工工作量不饱和。如果过多的人员是从原单位调动而来，还可能反向导致业务财务部门的人力资源不足。另外，值得注意的是，个别企业在财务共享服务中心建设初期存在盲目减员的情况，这会导致资源严重不足，工作陷入混乱。因此，企业必须掌握体系化的思考方法，科学合理地进行通盘考量，才能找到正确的方法和路径来合理确定财务共享服务中心的人员数量。

第五节　财务共享模式下企业财务团队建设策略

随着财务共享服务中心的建立，企业财务工作的模式发生了根本性的变化。面对这种变化，许多企业在财务共享服务中心建设完成后的很长一段时间内都会面临团队人员建设方面的困扰。比如，企业应该如何挑选合适的人员来充实业务财务和共享财务团队？在财务工作中，业务财务和共享财务应如何有效地进行职责的衔接与划分，以及企业应如何确保两者能够各自发挥最大的价值？

本节将重点论述在财务共享模式下，企业财务团队中的职责边界及组织建设策略。

一、业务财务与共享财务的职责边界

人力资源始终是企业经营管理的核心要素。在建设财务共享模式的过程中，企业通常会将财务人员的角色细化为战略财务、业务财务、共享财务三种类型。这三种角色均是企业财务体系的关键组成部分，但各自的工作重心和职责有所不同。下面我们主要介绍业务财务和共享财务的职责。

业务财务主要负责将财务数据和信息与业务部门的需求进行对接，为业务决策提供有力支持。业务财务需深入了解各业务部门的运营模式与需求，为其提供精准的财务分析和建议。同时，业务财务还需紧密跟进业务线条，做好产品研发、生产、销售等环节的资金预算管理、成本控制管理以及财务指标估算等工作，以保障业务线条在经济上具有可行性和收益性。

共享财务则主要负责财务数据的集中处理和整合，包括账务处理、税务申报、资金收支管理等多方面工作。共享财务需高效处理全集团的账务，提升企业经营效率，并根据业务需求提供及时、准确的财务数据支持。

在大型企业集团中，共享财务人员通常隶属于集团总部财务共享服务中心，子公司或分公司一般只设置归属于业务财务领域的财务总监、高级财务经理、财务经理等岗位，而不再设置基础的账务处理岗位。

二、财务人员职责切分及组织建设策略

基于不同的工作职责定位,我们可以看出,业务财务更加注重与业务的对接和融合,而共享财务则侧重于财务数据的处理和整合。在业务财务的岗位设置上,企业更加强调其在业务开展过程中对业务的衔接性。因此,很多企业在招聘和安排具体的业务财务人员时都将他们的综合能力作为首要考虑因素。

(一)业务财务人员素质要求

以大型流程制造类企业 Y 公司为例,其对各类业务财务岗位的安排严格遵循业务本身的特性,对人员素质的具体要求有如下几点。

第一,全面的业务知识。业务财务人员需要了解公司的核心业务、市场竞争环境和战略方向,能够为业务决策提供有力的财务分析和建议。

第二,敏锐的洞察力。业务财务人员应及时发现潜在的风险和机遇,并针对不同情况进行有效的风险控制与决策。

第三,强大的数据分析能力。业务财务人员应具备数据挖掘、模型构建和数据分析等技能,能够快速而准确地分析和呈现复杂的业财数据。

第四,卓越的沟通协调能力。业务财务人员应具备良好的沟通和协调能力,能够与相关部门及领导层进行顺畅有效的沟通交流。

例如,负责采购条线的业务财务人员必须清晰地了解 Y 公司采购业务开展的各个环节,从采购计划制订、招标寻源、采购合同签署、采购订单下单到采购结算等各个环节,业务财务人员都要具体参与。在这个过程中,业务财务人员既是采购行为的监督者,也是采购行为的执行者。

(二)业务财务人员和共享服务人员的职责关系

Y 公司是大型流程制造类企业,原材料的价格波动及库存周转情

况会直接对企业的核心盈利能力产生巨大影响。Y公司负责采购业务的业务财务人员的工作职责主要集中在以下几方面。

第一,业务财务人员定期从共享财务人员处获取原材料采购成本数据,针对性地进行采购报表分析;结合当前产成品的市场售价,对每月所需采购的原材料价格进行本利分析,以确保从采购环节就能最大限度地支撑企业盈利;每月定期将本利分析结果反馈给采购部门,为其后续寻源及合同价格谈判提供重要依据。

第二,业务财务人员会对各类原材料库存情况进行分析并反馈,协同采购、生产部门进行月度使用计划分析,以确保库内材料无冗余积压,在保障生产工作有序开展的同时最大化地减少原材料采购带来的资金占用,使企业资金实现良性运转。同时,业务财务人员还会监督采购数据及时流转至财务共享服务中心,以便及时获取相关财务数据并进行分析决策。

第三,业务财务人员会根据原材料采购计划参与制订原材料采购资金使用计划,并在付款环节按照合同结算条款及资金计划进行资金使用审批。在此过程中,业务财务人员会按照公司的统一要求,约束采购部门在合同签订时制定结算条款,如相关返利条款及账期设置条款,以确保后续共享财务人员在进行支付审核时能够有据可依。

通过以上工作职责界面的设置,我们可以清晰地看出,业务财务是财务管理内容的"前置器",而共享财务则是财务管理开展的"奠基石"。两者之间的关系可以概括为:①目标一致。业务财务和共享财务的目标均在于提高企业财务信息的共享程度,降低企业的运营成本,并提升企业的财务管理能力。②相互依存。业务财务需要共享财务为其提供高质量、高效的财务信息和服务支持。同时,共享财务也依赖业务财务提供的真实业务信息和数据来进行有效的财务处理。③相互促进。业务财务和共享财务之间的相互促进关系有助于提升企业的财务管理水平和效率,从而推动企业实现可持续发展。

(三) 业务财务和共享财务职责界面设计及实践案例分析

上述内容对共享财务与业务财务的职责关系进行了相关论述,然而,很多企业在建立财务共享模式的过程中,仍然难以在工作层面上实现两者的相互促进与有效衔接。究其原因,我们可以从以下几组案例中借鉴相关经验,以寻找解决问题的途径。

1. 案例一:业务财务人才部署不足

S公司作为农业行业的一家集团性企业,其业务遍布全国各地。在开始建立财务共享服务中心时,公司集结了全部的财务骨干人员进行财务共享服务中心的建设,财务共享服务中心也如期建成并投入使用。然而,在这个过程结束后,公司未能及时对核心骨干人员进行业务分流,业务财务团队优秀人才匮乏,导致财务共享服务中心在数据整合方面的优势很难发挥,相关财务管理工作也未能顺利开展。

从案例一我们可以看出,共享财务与业务财务间的岗位轮转必须结合财务共享模式的建设阶段进行实时调整。在财务共享服务中心建设初期,选拔优秀骨干投入财务共享服务中心建设是很多企业的成熟做法。但是,当财务共享服务中心平稳运行后,只有适时地将优秀骨干人员安排至业务财务岗位,才能避免该岗位出现"人才真空",进而才能真正发挥其价值。

2. 案例二:业务财务与共享财务职责界限模糊

Q公司作为全国较早建立财务共享模式的企业之一,在建设初期,其业务财务与共享财务的工作职责界限模糊,部分工作内容重叠,同样的工作内容存在重复劳动,导致业务财务与共享财务的工作内容缺乏主次及重点之分。以费用报销业务为例,所有的控制审核点均需由两者分别进行全量重复处理,这使得业务财务人员的日常工作时间大量被核算工作占据,无暇顾及财务管理工作。同时,共享财务人员在审核此类业务时,对业务财务人员的审核结果过度依赖,对经业务财务人员审核通过的单据经常直接"放行",这大大削弱了共享财务的客观公正性。最终,Q公司的整体财务核算效率及质量并未得到有效提升,同时财务管理工作也未如期开展。

业务流程梳理再造与工作界面专业化分工是财务共享服务中心建设的两大核心标志,这两个环节的成败往往决定了财务共享服务中心的成败。以 Q 公司为例,在流程再造的过程中,所有财务审核类工作并未从业务财务环节中分离出来,这直接导致了共享财务在审核环节被"虚化"。参照成功企业的相关经验,业务财务应主要参与业务审批环节,而非财务审核环节。对于标准的费用类业务,企业结合实际情况完全可以交由共享财务进行审核;而对于部分具有特殊性的营销费用的处理,企业可交由业务财务进行真实性与合规性审批,以便共享财务在后续审核过程中对其无法知晓的事项进行把关判断。

3. 案例三：财务思维转型不到位

H 公司在企业经营发展的核心思路中,将财务部门的主要工作职责定位为负责集团经营行为的全面记录与监督,重核算而轻管理,并未强调财务工作对业务的服务属性。这导致 H 公司在建立财务共享服务中心时,仍以核算工作为建设的唯一重点,缺乏对业务财务工作的明确思考与规划。因此,在财务共享服务中心运行过程中,被划分为业务财务的人员对自身工作的内容与方向缺乏清晰认识,对如何与业务部门形成联动衔接缺少有效手段,从而出现了业务财务与共享财务在核算工作中"抢活干"的局面。

财务共享模式是推动财务整体转型的关键,而思想转型则是首要任务。业务财务作为财务"三支柱"模型中核心的价值创造角色,其工作内容应围绕财务核算结果的使用,而非核算工作的过程。业务财务人员应更加深入地参与业务的具体环节,加强与业务人员的交流互动,从"后台"走向"前台"。很多时候,业务财务人员的工作方向是由业务的需求决定的。对于业务侧需要的财务支撑,业务财务人员应该想方设法地主动做好支撑工作。

(四) 业务财务和共享财务转型方向展望

从某种程度上讲,与共享财务人员相比,业务财务人员是指那些依靠财务知识来开展业务的财务人员。他们对于业务的专业审视是保障其工作有效开展的重要前提。财务共享模式在中国已经大面积普及近十年,对于共享财务与业务财务在下一个十年乃至更长远时期的工作新方向,我们可以从以下两个方面进行深入思考。

第一,强调数字化转型。随着信息技术的不断进步,这两种角色都应加快数字化转型的步伐。共享财务人员的工作应进一步从单纯的数据记录转向数据的多维度挖掘,而业务财务人员的工作则应从数据使用转向更深层次的数据创造及数据模型制定。

第二,注重精细化管理。精细化管理是指通过实施精细化的管理方式和方法提升企业的效率和效益。在财务管理中,这两种角色的精细化管理应包括对财务工作流程的持续优化,定期复盘已有业务及新增业务的流程开展模式,共同讨论流程的合理性,减少浪费,以及提升财务数据的准确性和及时性。

三、小结

在财务共享模式下,财务工作的开展不仅要在核算工作层面上狠下功夫,更重要的是在核算标准的基础上切实深化财务管理。对于各类企业而言,业务财务和共享财务的工作开展必须遵循差异化管理原则。在具体实施过程中,企业应充分做好人员储备工作,确保团队具备相应的专业能力;同时,加强思想建设,形成共识,明确工作方向;此外,还需不断创新和优化工作流程,以适应不断变化的市场环境。

第六节　财务共享模式与平台规划的核心要素

在财务共享服务中心建设中,财务共享模式设计与财务共享平台搭建同为关键环节,两者相辅相成。然而,在众多企业财务共享服务中心建设实践中,我们发现部分企业仅实现了财务人员的集中办公与集中核算,并未进行组织职能与业务重构;部分企业虽然推进了组织职能及业务重构,但对财务共享平台建设的必要性存在疑虑。例如,财务共享平台是否为财务共享服务中心建设的必备要素?其在日常运营中具有何等作用?此外,如果缺失了财务共享平台,财务共享服务中心是否能够保持顺畅运行也是企业普遍关心的问题。本节将针对上述问题展开深入探讨。

一、财务集中不等于财务共享

在深入探讨相关问题前,我们需对财务共享服务中心及其运营模式的本质特征形成共识。我们要明确的是,财务集中并不等同于财务共享。某些企业认为,仅通过将财务人员集中起来办公便完成了财务共享服务中心建设,这实际上是对概念的误解。真正的财务共享服务中心建设是业务与组织的重构,而非单纯组织形式或人员布局的调整。

企业构建财务共享服务中心的核心目标在于通过规模化运作实现成本节约和效率提升,从而达到"降本增效"的目的。为此,企业必须采取一系列转型措施。

首先,人员集中。企业要将原本分散在集团内各成员单位财务部的基础会计人员统一抽调至财务共享服务中心,进行专业化的分工处理。

其次，专业分组。企业要根据采购、销售、费用、工程、资产、资金、总账及报表等不同业务领域，将集中的基础会计人员划分为若干个核算业务处理小组。这样，同一小组内的人员能够集中为集团各组织提供该财务领域内的专业会计服务，从而以更少的人力完成原有的基础会计工作。

最后，流程再造。企业要制定统一要求，并充分考虑各成员单位的业务特性，梳理并优化各领域的端到端业财闭环流程，形成统一且规范的核算处理流程。

二、共享体系设计——财务共享服务中心建设效果的"软措施"

企业在建立财务共享服务中心时，应严格遵循"先规划，后实施"的原则，首先是进行详细的财务共享模式设计，旨在构建真正专业化分工的业务处理模式，而非仅停留在"财务集中"层面；其次是将这一经过精心设计的体系付诸实施，确保其顺利落地，从而充分发挥财务共享服务中心的效能。这也是财务共享服务中心建设项目与一般的财务信息化建设项目的主要区别。建设规划对于财务共享服务中心的设立至关重要，它通常涵盖了多个方面的设计内容，包括财务共享服务中心的组织定位、组织模式、组织职能、组织架构与岗位设置、人员职责的划分与人员培养、流程梳理与再造、信息系统框架与功能需求、共享运营策略以及实施路径等。只有在经过全方位的调研，并制定出符合自身现状与需求的建设规划设计报告后，企业才能真正着手开始建立财务共享服务中心。

通过财务共享模式设计，在财务人员集中的"表象"下，企业财务领域的内核已经发生了翻天覆地的变化，如财务组织重构、财务职责切分、端到端业财流程再造以及财务服务半径延伸等各个方面都经历了本质上的转变。

然而，值得注意的是，变革后的财务管理体系及相关业务如果缺乏一个先进的信息系统来固化和支撑，将难以顺畅运行，更无法达到理想的管理效果。因此,财务共享平台在财务共享模式中扮演着至关重要的角色,它是确保整个体系高效、稳定运行的关键所在。

三、财务共享平台——财务共享服务中心高效运行的"硬能力"

财务共享服务中心之所以能够脱离原组织现场为财务人员提供高效的基础会计服务,关键在于其采用"标准化作业"的业务处理方式。因此,在财务共享服务中心的建设规划中,流程梳理与再造是不可或缺的一环。单纯地将基础会计人员集中起来,只是人员共享的表象,若要让这些脱离一线的基础会计人员能够高效、准确地处理业务,就必须依赖企业中各组织"同质化"的业务流程和统一的执行标准。只有这样,才能在财务审核时减少对个人经验的依赖,进而降低财务共享服务中心对财务审核人员的能力要求,最终实现"人员共享,作业高效"的目标。这样的优化不仅提升了工作效率,也确保了业务处理的准确性。

财务共享服务中心若要实现统一的标准化核算流程,仅凭纸面上的制度约束是远远不够的,单纯依赖人员的"集中"管理也无法达成目标。要实现这一目标,必须借助信息化工具——财务共享平台将流程与制度内嵌于系统中。因此,财务共享平台对于实现财务共享服务中心的高效运作而言,是不可或缺的。通过信息化工具的支持,我们可以确保流程与制度的严格执行,从而提升财务共享服务中心的运作效率。

财务共享平台对财务共享服务中心的支撑作用体现在如下三个方面。

(一)财务共享平台支撑财务共享模式的业务运作

通过财务共享平台,财务共享服务中心可以突破组织壁垒,将原本分散在企业各成员单位以及各业务信息化系统中的业务信息统一收集起来,并汇集到财务共享平台的"任务池"中,通过多种派单方式分发给财务共享服务中心各个作业小组的作业人员。一旦业务处理完毕,财务共享平台又能将自动生成的凭证根据组织维度推送至各个组织核算系统,从而实现"共享作业"的目标。因此,如果财务共享服务中心缺失了财务共享平台这一关键环节,那么它将无法有效地集中为企业各成员单位提供标准化、高效率和高质量的会计服务。

(二) 财务共享平台是标准化流程落地执行的载体

财务共享平台将经过梳理和再造的流程内嵌于系统中,确保所有流程参与者只能通过该平台来执行相关流程。这一设计保障了企业政策与制度的严格执行。相反,如果仅仅依赖人工来执行流程,则无法保证企业政策制度与企业要求被严格执行,从而可能引发一系列问题和风险。因此,财务共享平台在确保流程执行的一致性和准确性方面发挥着至关重要的作用。

(三) 财务共享平台是业务与财务之间的"桥梁"

首先,区别于传统的"业财分离"财务核算模式,财务共享平台为业务端提供了业务数据"手工采集"和"自动采集"的统一入口。一方面,业务人员可以通过手工填写业务信息的方式实现按需采集,如在线填制各类报账单;另一方面,通过业财系统的集成,财务人员能够自动获取业务系统中的数据。财务共享平台有效规避了传统模式下业务信息线下传递的弊端,成为促进业财融合的重要"桥梁"。

其次,与传统核算模式相比,财务共享平台承载的是完整的业财一体化流程,而不仅仅是财务凭证处理流程。从业务数据的获取、业务审批,到财务共享服务中心专业小组的审核、资金结算组的支付,直至最后自动生成财务凭证,财务共享平台完整记录了业务数据转化为财务凭证的全过程。通过财务共享平台的流转,企业实现了业务全流程的线上化、透明化、规范化与标准化,使财务信息"有据可查,有法可依"。

最后,业财一体化流程的线上化使得财务人员能够获取更多、更丰富、更细化的业务数据,这为业财综合数据分析提供了坚实的数据基础。

四、无财务共享平台支撑所面临的问题与挑战

当前,国内众多企业已积极构建财务共享服务中心,以推动财务管理的创新与发展。然而,在深入调研和访谈众多企业的财务共享服务中心建设实践后,我们发现仍有部分企业未能有效利用财务共享平台来支撑其财务共享服务中心。由于缺乏财务共享平台的支持,有的企业仅仅简单地推动了财务人员集中办公,但业务处理模式并未发生实质性的改变;有的企业进行了初步的专业化分工,但是未通过系统进行业务的固化。这两种情况都给企业的日常工作带来了诸多问题和挑战。

(一)人员简单集中面临的问题与挑战

首先,企业如果仅简单地将财务人员集中起来办公,却依然沿用传统的方式进行财务业务处理,即一个财务人员负责一个或几个业务形态类似的成员单位的全部核算工作,那么这种工作模式在本质上并未摆脱传统模式的束缚。而且,尽管工作模式未变,但人员的集中和办公地点的改变导致原始资料的传递以及业务与财务之间的沟通变得不再顺畅,增加了传递时间和沟通成本,进而降低了工作效率。

其次,这种仅仅将人员集中起来办公的财务共享服务中心常常令企业员工感到困惑,诸如为什么要将财务人员集中?这个新的财务组织的主要职责是什么?这个新组织与留任财务人员的工作应如何划分?由于缺乏财务共享平台作为工具支持,员工很难直观地感受到财务共享服务中心本应带来的效率提升、流程标准化等益处。

(二)人员专业分工面临的问题与挑战

尽管一些财务共享服务中心已经尝试进行专业化分工,但由于缺乏财务共享平台的支撑,这些标准流程并未得到有效固化,而且如果仅依赖人力来执行专业分工,则增加了跨组织作业的难度。举例来说,当 A 组织的基础财务人员需要审核 B 组织的业务时,他们必须额外投入时间去熟悉 B 组织的业务特性和审核要点。除非集团能够确保同质化

业务的处理标准和要求完全统一,否则这种做法将适得其反,不仅无法提高效率,反而可能引发更多问题和混乱。

此外,国内企业对财务共享服务中心的需求并不仅限于"降本增效"。事实上,更多的企业已将财务共享服务中心视为对一线组织进行财务管控的重要工具,并对此寄予厚望。要想让财务共享服务中心真正发挥对一线组织的财务管控作用,就必须实现财务信息的线上化、透明化,使管控规则固化,并保证财务审核的客观性。这些目标的实现都离不开财务共享平台的支持。因此,构建并应用财务共享平台对于提升财务共享服务中心的运作效率、业务处理质量以及管控职责的实现至关重要。

五、案例分享:体系与平台缺一不可

以多元化企业集团 W 集团为例,W 集团是某省国资委下辖的投资平台,业务涵盖房地产、生产制造、金融、城市建设、清洁能源、环境治理等多个板块,成员单位遍布省内各个城市。W 集团成立时间尚短,且仍在持续进行企业并购,其规模不断扩大。

基于对收购的各个行业成员单位的规范管理需求,以及不断并购企业给财务资源带来的压力,W 集团计划成立财务共享服务中心,以应对财务管理面临的困境和难题。然而,出于时间和政绩的考量,W 集团直接选择了一些成员单位作为试点,抽调了一批财务人员,挂牌成立了财务共享服务中心。

在 W 集团的财务共享服务中心,每位财务人员负责几家成员单位的财务审核、凭证制作及报表编制工作。他们集中办公,不定期接收各个成员单位递交的纸质原始资料,审核完成后再在核算系统中录入凭证。由于缺乏财务共享平台的支持,这种仅将财务人员集中起来办公的方式,使得财务共享服务中心在日常运作中给 W 集团带来了以下四方面问题。

第一,线下传递纸质原始资料的方式不仅时效性差,还存在资料丢失的风险。一旦原始资料不合规或有问题，财务人员需要通知业务人员取回，且有时会因登记不清而无法找到原始资料的提供者，从而引发成员单位业务人员的不满。

第二，在加入财务共享服务中心后，原来负责某成员单位财务工作的会计人员虽然依然负责该单位的会计核算，但由于他们可能并不熟悉原单位的所有核算业务（之前仅负责部分业务的核算工作），现在却需要全面承担该单位的所有核算业务，甚至还需接手同行业其他单位的核算工作。这无疑给财务人员带来了巨大的压力，增加了沟通、学习成本，从而导致共享后的核算工作效率降低、难度增加。

第三，W集团作为多元化重组集团，各成员单位虽有自己的财务信息化基础，但集团层面尚未建立统一的核算系统，而且各成员单位的前端业务信息化程度不一，业财一体化也未实现。因此，W集团尽管建立了财务共享服务中心并集中了财务核算人员，但集团财务核算、审核与监督的标准和要求仍难以严格执行，未能达到通过建立财务共享服务中心实现财务管理规范化、精细化的目标。

第四，财务共享服务中心成立后，所有的核算业务均由其承担，这需要业务、业务财务和共享财务部门的紧密协作。然而，由于缺乏系统的支持，仅靠制度难以明确划分并落实共享财务与业务财务、业务部门之间的权利与职责。这导致业务处理过程中出现的问题难以找到责任人，从而出现"甩锅"现象。此外，共享财务与业务财务、业务部门之间存在地点隔离，导致其无法及时有效地进行沟通，这进一步加剧了矛盾，影响了业务的正常开展。

由于上述种种原因，W集团的财务共享服务中心运行效率低下，与成员单位的财务和业务人员之间摩擦频发，工作中困难重重。W集团不得不回过头来重新设计规划财务共享平台。

六、小结

深入对比大量已构建与未构建财务共享平台的企业，我们可以清晰地洞察到,简单的人员集中模式无法达成财务共享服务中心高效运营的目标;而缺乏财务共享平台支持的财务共享服务中心的运营也往往流于形式,未能为财务共享模式的实施落地提供稳固的基石。两种状态都将导致财务共享服务中心的核心价值得不到有效体现,进而失去了其作为财务共享服务中心的本质意义。因此,在推动企业财务共享模式建设的进程中,财务共享模式的设计和财务共享平台的建设同等重要。

第七节 财务共享平台及周边系统选型策略和关注点

财务共享平台规划及建设是企业财务共享服务中心项目建设的核心任务之一,它涉及财务共享平台及其与各类业财系统的整合,以支撑财务共享流程的落地和日常运营。对于企业集团而言,在进行财务共享平台选型时,企业往往已具备一定的信息化基础,部分业务系统和财务系统可能已经运行或正在建设中。因此,在企业财务共享服务中心建设过程中,一个核心问题是如何整合财务共享平台与现有的业财系统,以及针对在用或在建系统如何制定优化升级策略,以满足财务共享建设的需求。例如,企业需要深入论证系统升级(迭代)可能面临的挑战,评估系统是否确有必要进行全面替换,以及分析系统替换可能带来的问题。当然,每家企业在财务共享规划过程中面临的问题各不相同。结合众多集团化企业在财务共享规划中所遇到的共性系统建设问题及其对应的解决策略,企业需从自身的信息化现状、IT建设策略、财务共享平台建设策略等多个维度进行综合考量与论证,以制定出适合自身的系统建设策略。

一、财务共享规划过程中进行系统集成或替换的论证前提

经过对众多企业集团财务共享服务中心领先实践的总结,以及从

财务共享服务供应商提供的解决方案与产品形态来看,当前国内大型企业集团在财务共享平台建设方面主要采用两种主流模式:一种是以深度的业财融合和深化财务应用为基础的财务深化应用共享模式,即由企业资源计划(enterprise resource planning,ERP)厂商提供的财务共享建设模式;另一种则是以流程会计工厂应用为基础的报账流程应用共享模式,这种模式主要由非ERP厂商提供(表2-2)。

表2-2 大型企业集团财务共享建设模式分析

对比项目	报账流程应用共享模式	财务深化应用共享模式
主导思路	1. 全业务报账 2. 费用预算 3. 审批流 4. 共享运营 5. 大数据分析	1. 全业务共享 2. 财务深化应用 3. 业务融合模式 4. 管理会计应用 5. 大数据分析
实现方式	1. 通过财务端流程梳理和服务目录梳理实现大报账模式的全业务报账 2. 基于企业内部审批流实现全业务报账流程业务审批及内控审批 3. 不干预原ERP财务体系,通过在ERP系统外接入财务共享作业系统实现跨组织的报账业务共享作业处理 4. 财务共享系统通过系统集成将财务数据传递到ERP系统,并生成会计凭证	1. 通过端到端业财流程梳理实现全业务共享 2. 通过推进和强化预算控制、资金计划、内部关联交易等深化财务应用实现业财深度融合模式下的财务管控 3. 通过升级改造财务核算系统实现基于深度业财融合的财务管理体系升级 4. 财务共享系统通过深度集成ERP系统实现会计凭证自动生成,ERP端不再需要手工编制会计凭证
差异分析及定位	1. 基于会计工厂的理念实现全业务报账,提升业务标准化和效率,降低财务管理成本 2. 保持原ERP财务系统应用,不改变财务核算体系 3. 以会计工厂业务处理沉淀的共享业务运营数据为基础,实现共享运营绩效分析	1. 符合中国企业的管理特色,基于财务共享模式改造和优化财务整体应用 2. 以财务共享牵引财务数字化改造 3. 以深度业财融合的财务共享运营沉淀的业财数据为数据源,有效支撑管理会计体系建设

报账流程应用共享模式在原则上不会过多干预原有业财系统的运行,而是从财务共享模式设计的角度出发,基于财务共享平台与业财系

统的集成策略，重点梳理和设计系统集成的标准和内容。该模式通常无须深入论证前端和后端业财系统的升级改造或替换问题，业财系统是否升级或替换应根据对应领域自身的业务需求来决定。

财务深化应用共享模式则以业财资税档一体化应用的深度融合为目标，要求业务系统、财务领域相关系统与财务共享平台实现深度融合。因此，在财务共享模式设计方案中，必须论证财务共享平台与在用、在建以及规划中的业财系统之间的集成或替换策略和实现路径。当企业明确基于财务深化应用共享模式进行财务共享平台规划时，将面临财务共享平台与全财务领域系统以及已构建的财务系统之间的集成或替换问题。对此，企业需要充分论证相关财务系统进行集成或替换的优劣及可行性。

基于上述前提，本节将重点分析企业集团在规划构建财务共享模式时财务共享平台及与其紧密相关的财务系统的升级迭代或替换问题，以及周边业务系统的整合问题。

二、财务共享模式规划对周边业财系统的处理策略分析

一方面，财务共享模式规划的重点内容之一是财务共享平台的设计方案，规划者需要从共享业务与前后端业务财务交互的角度出发，进行周边业务和财务系统的整合方案设计；另一方面，从企业层面来看，各类业务和财务系统也都有其自身在企业整体IT架构下的规划、建设和迭代的全生命周期。因此，财务共享模式规划者需要从多个视角出发，论证并提出与财务共享平台紧密关联的业财系统的升级迭代或替换方案。

（一）站在企业层面审视系统生命周期，制定系统更新迭代策略

企业的信息系统在规划、建设和迭代过程中，存在业务、技术和功能三个层面的生命周期。

1. 业务生命周期

信息系统建设是与企业战略相匹配的，通常一套信息系统的适用

周期为3~5年。随着时间的推移,系统架构的局限性可能导致其无法继续有效支撑企业经营战略变化带来的一系列业务模式和管理模式的变革。

1) 外在因素

在政策影响方面,国家政策的导向性影响是最重要的,如信创政策、数字中国建设规划、新基建政策、新质生产力要求等,都对企业尤其是国资企业的信息系统迭代或替换提出了迫切的要求。例如,在信创方面,我们既要关注信创安全可控,又要确保其能为业务带来实际价值,而非仅仅为了信创而信创。国资委、财政部以及其他主管部门等相关监管机构接连发布要求,如国务院国资委和各省国资委均对央企、国企对标世界一流财务管理体系,加快财务共享模式、司库体系建设等提出了明确要求。此外,"金税四期"工程、数电发票、电子会计档案、电子凭证等相关政策要求也都在推动企业信息化系统不断更新和迭代。在此背景下,财务共享平台建设则恰逢其时。

在社会变革方面,随着移动互联网、人工智能等技术的快速发展,从消费领域到工作领域的社会级变革正在发生,这些变革也将广泛而深入地融入企业各类信息系统的应用场景中,推动企业信息系统不断升级和完善。

2) 内在因素

企业自身战略发展、业务发展以及运营管理模式变革都是推动企业发展的关键要素,如建设全面预算体系、司库体系、财务共享模式,以及推进管理会计转型等。这些内部因素的变化也对企业信息系统的业务支撑能力提出了全新的要求。因此,企业在进行财务共享模式规划的过程中,既要充分考虑上述因素对财务共享平台规划的影响,又要深入剖析业财系统的业务支撑与融合要求,在此基础上科学制定相关系统的处理策略,避免仅从短期满足财务共享业务需求出发而简单选择系统集成策略,因为被集成的系统本身可能面临被迭代或者被替换的问题。

2. 技术生命周期

从技术发展趋势来看,随着信息技术的不断进步,企业在从信息化到数智化的转型过程中,信息系统的技术架构也在持续升级迭代。这导致企业在信息系统建设上常常面临如何平衡短期目标与长期目标的难题。例如,对现有系统进行功能层面的优化和扩充或许能基本满足短期内的业务和管理需求,但从长远来看,现有平台的技术能力可能已无法有效支撑企业的业务变革和数智化转型。如果企业继续在上一代技术平台的基础上进行持续的投入和建设,随着投入的不断增加,实现数智化建设的长期目标将变得越来越困难,沉没成本也会越来越高。从企业在用系统的角度来看,随着使用时间的推移,该系统往往已接近其技术生命周期的末期,缺乏进一步提升的空间,需要基于整体技术平台的跃迁来适应技术环境的变化。

因此,在推进财务共享平台建设的同时,企业还应充分考虑整体数智化建设目标,并评估现有信息系统的技术能力差异。只有这样,才能更科学地制定出对现有信息系统进行升级迭代的措施,确保企业的信息化建设与业务发展需求相匹配。

3. 功能生命周期

前面我们已经探讨了底层技术发展所带来的影响,接下来,我们将聚焦具体功能层面进行深入分析。

随着时间的推移,企业原有信息系统在功能架构以及功能的完整性、先进性、便捷性和应用体验等方面已逐渐暴露出与当前业务和管理要求不匹配的问题,因此,信息系统的升级迭代势在必行。例如,部分国企或企业集团由于历史发展原因,在推进财务共享模式规划和建设的过程中,全组织范围内存在多套不同品牌、不同版本的财务系统,这些财务系统的功能架构已无法有效支撑标准化、一套账模式的集团财务管理体系。因此,这些企业都面临财务系统必须进行重构或替换的问题。在财务共享平台建设之初,企业就需全面审视并论证财务共享平台与财务系统的整体建设策略,以确保两者能够协同工作,共同支撑企业的财务管理和业务发展需求。

因此,在制定财务共享模式规划时,企业需从财务共享业务需求的角度出发,同时深入分析在用系统当前所处生命周期的特点,在此基础上进行综合考量和论证。只有这样,企业才能制定出符合自身实际情况的系统集成或替换方案,从而为企业的发展提供有力的技术支撑。

(二) 以双模 IT 理论为指导,制定系统更新迭代策略

"双模 IT"的概念是由全球知名的 IT 研究与顾问咨询公司 Gartner 在 2015 年率先提出的,它是指在企业信息化框架中两种架构共存的模式,即双模并行、相互补充的信息化架构体系。双模 IT 策略为企业信息化建设提供了一种新的思路和方法,有助于企业更好地应对市场变化、优化资源配置、提升企业竞争力和促进数字化转型。

在双模 IT 策略中,模式一为传统模式,即采用集中式架构,强调稳定性和安全性,适用于稳定、风险可控、低频变化的核心管理类业务,如企业财务全领域系统以及人力资源、协同办公等共性管控类系统;模式二为创新模式,即采用分布式架构,强调敏捷性与拓展性,适用于敏捷开发、颠覆性创新、快速迭代的场景,如企业前端业务类系统,尤其是面向 C 端客户的业务系统。

双模 IT 理论在业界得到了广泛的关注和响应。一些企业也提出了类似的概念,比如麦肯锡提出的"双速 IT"、华为提出的"NEWICT"、联想提出的"双态 IT"等。大多数企业集团的 IT 部门也会以该理论体系为指引,整体规划企业的信息化架构。例如,对于稳态的财务领域系统和共性管控类系统,遵循在统一底层平台上进行整体构建的原则,以实现共性管控职能的纵向贯通和横向协同;对于敏态的业务类系统,搭建敏态 IT 平台,灵活敏捷地构建个性化业务类系统及应用,或者基于专业厂商提供的行业化业务系统进行系统构建,以快速响应业务变化。以此为前提,企业在进行财务共享平台规划时,可将稳态系统构建原则视作整体规划财务共享平台及与其紧密关联的财务领域系统建设的主要原则之一。

(三)从数智化转型视角制定周边系统替换策略

财务共享服务中心作为财务深化应用共享模式的核心,其核心职能主要涵盖企业的核算中心、管控规则中心、综合服务中心、财务数据中心等,它承担着推动财务转型、强化集团管控、促进业财融合以及为业务赋能的重要职责。这些职责的履行离不开财务共享平台与业务系统、财务系统的深度融合。企业通过将管控的诉求和规则嵌入财务共享平台及其相关业务系统和财务系统实现系统整体融合,从而对各类业务过程进行精细管控。

因此,企业在进行财务共享平台规划时,制定其与周边业务系统、财务系统的集成或替换策略至关重要。其核心目标在于实现端到端的流程贯通、业财数据共享、管控规则嵌入,促进业财、管财、业管的深度融合,进而提升财务的管控能力和服务水平,推动企业财务从核算型财务向价值创造型财务的转型。

然而,面对大量异构系统的集成挑战,传统的集成方式往往难以实现上述管控目标。因为这些目标的达成对系统集成的深度和广度要求极高,需要在不同系统中配套开发大量重复性功能模块,导致系统建设缺乏合理的投资回报。

鉴于此,在推进财务转型和"业财税资档一体化"融合的过程中,如果财务共享平台已经具备了全财务领域的子系统功能,且其功能覆盖并优于现有系统,同时在技术能力上也能与现有系统相匹敌或更胜一筹,那么优先采取替换策略而非集成策略将更为明智。从长远来看,这种策略的信息化投入成本最优,且能够更有效地支持企业财务管理的转型与升级,从而提升整体运营效率。

(四)从系统建设成本收益视角评估系统集成/替换模式

通过上述三大原则和方法的分析,企业基本上可以对现有系统的处理策略得出方向性的结论——是集成（系统自身进行升级迭代），还是替换（采用基于财务共享平台的同平台子系统替换现有系统）。在此基础上，我们还需要进一步进行集成与替换模式的对比论证，从在用系统的功能覆盖、经济成本以及管理价值兑现等多个维度深入评估对应方案的可行性（表2-3）。

表2-3 系统集成/替换模式关键影响因素对比

序号	对比项目	集成模式	替换模式
1	功能应用的深度、广度及效果	功能应用程度深，个性化适配业务多，应用效果好	功能模块使用少，标准化应用为主，应用效果不佳
2	管理体系	管理体系可持续沿用	管理体系需重构/优化
3	建设成本	集成成本低于替换成本	替换成本持平或高于集成成本
4	维护成本	维护成本相对较高	维护成本相对较低

注：①集成模式下的建设成本包括接口开发、集成平台功能建设、主数据系统建设、双方系统的重复功能开发等成本；替换模式下的建设成本包括为替换旧系统而新建系统的相关成本和历史数据迁移的成本。②集成模式下的维护成本主要是对集成接口、主数据系统、双方系统重复建设功能的持续维护成本；替换模式下的维护成本主要是对新建系统模块的持续维护成本。

三、财务领域相关系统集成或替换建设关注点

在完成对集成策略和替换策略的论证后，企业应进一步聚焦集成模式和替换模式的核心工作内容及其潜在的影响。同时，企业可根据这些关键关注点再次验证所选模式的可行性，确保决策的科学性和有效性。

（一）集成模式的核心关注点

1. 评估功能满足度

企业需特别关注并深入论证信息系统的现有功能是否能充分满足财务共享平台的集成要求，是否需扩展功能以完善系统性能，是否需调整业务模式以适应集成需求，是否涉及系统重构等关键等问题。

2. 明确集成模式

企业需特别关注并深入论证集成方案的选取——是基于企业服务总线模式，还是依托财务共享平台提供的集成平台进行系统集成开发。

同时，企业还需确认集成的功能基础是否完备，以确保集成工作的顺利进行和高效完成。

3. 明确集成的深度和广度

企业需特别关注并深入论证系统集成的目标仅仅是实现数据在业财系统之间的流转，还是要实现如预算控制、合同收付计划及条件控制、标准控制、合规控制等控制规则的全流程融入，因为不同深度和广度的集成将对应不同的业务流程、接口设计以及功能开发内容。在此过程中，企业需要避免前文提及的多系统功能重复开发的问题，例如在预算系统、财务共享平台、前端业务系统中重复构建预算控制功能等情况的发生。

4. 实现财务主数据管理体系落地

企业在论证采用何种方式实现财务共享标准化工作内容之一——财务主数据管理体系落地时，必须深入考虑不同的主数据管理模式，因为这些模式及其所需的功能支撑成本存在显著的差异，选择恰当的模式对于优化成本、提升工作效率具有重要意义。

（二）替换模式的核心关注点

1. 优化管理体系

系统替换并非简单地将原有系统的应用程序迁移至新系统，而是需要结合财务共享模式的构建以及财务转型需求，对被替换系统所承载的相关业务进行全面重构或优化。这一过程旨在确保新系统能够更好地适应企业未来的发展战略，提升财务管理能力和水平。

2. 实现系统应用上线

在结合新管理体系设计业务蓝图的基础上，企业需整理初始化数据，进行系统测试，并最终实现系统应用上线，以有效支撑财务共享模式下的财务转型升级。这一过程旨在确保新系统能够与企业整体战略相契合，推动财务管理向更高层次转型升级。

3. 迁移历史数据

在进行历史数据迁移时，企业需要从以下三个方面进行规划和设计。

首先,结合被替换系统所承载的业务内容,梳理和界定需要迁移历史数据的内容和范围。

其次,制定科学、合理的历史数据迁移方案,确保数据迁移的准确性和高效性。

最后,准备合适的数据迁移工具,以提升数据整理和迁移的效率,确保迁移工作顺利进行。

4. 制定系统并行策略

为确保被替换系统停用后新系统能够顺畅运行,企业需谨慎制定系统并行策略,确保系统平稳过渡,避免业务中断,以保障企业运营的连续性。

四、小结

整体来看,在财务共享模式规划过程中,对现有财务系统是采取集成策略还是替换策略,并没有统一定论。因为同一套财务系统在不同企业中应用的深度、广度以及所支撑的管理模式都有所不同,而且不同企业的财务共享服务中心的组织目标也有所差异。因此,有的系统可能适合集成,有的则适合被替换。企业需从业务满足度、技术先进性、功能完整性、建设成本、应用效果等多维度进行综合分析,同时还需结合财务共享模式下财务转型、业务赋能的管理诉求,制定符合企业价值最大化的系统处理策略。

第三章

项目建设期的核心陷阱及预防措施

第一节　财务共享服务中心实施策略的选择

在财务共享服务中心的建设过程中，管理变革无疑是最为重要的环节。管理变革不仅涉及组织、业务的全面优化，更关系到管理制度、业务流程、信息系统等多方面的全面调整。其涉及范围之广、影响程度之深，都不容小觑。一般而言，管理变革一旦启动，便很难中途停止，即便选择回归原有模式，代价也将是巨大的。

有些企业在建设财务共享服务中心时，由于实施策略选择不当，变革流于形式，进而发出"财务共享不适合我企业"的感慨。殊不知这并非财务共享理念本身不契合的问题，而是实施策略的问题。因此，选择与企业自身情况相匹配的实施策略显得尤为关键。

财务共享服务中心建设是一项综合性的工程，既包含组织管理的变革，也涵盖配套信息系统的建设。对于大多数企业而言，由于财务共享服务中心建设涉及的组织规模庞大、业务类型多样、业务范围广，企业通常会采取"总体规划，分步实施"的策略来确保变革的顺利推进。那么，在实施过程中，如何合理地分步进行信息系统建设，以确保组织管理变革的顺畅进行，便成为企业需要深入思考的问题。本节将深入分析企业制定财务共享服务中心实施策略的一些方法和路径。

一、选择实施策略的七大思考维度

在构建财务共享服务中心时，企业选择实施策略需综合考量以下多个关键维度,以确保策略的科学性和有效性。

(一)战略匹配

为确保财务共享服务中心的实施策略与企业的整体战略相匹配,企业需要确保实施策略不仅符合自身当前的经营现状,还要与企业的短期规划以及长期发展目标紧密衔接。

(二)业务需求和目标

为了选择恰当的实施策略,企业首先需要明确财务共享服务中心的业务需求和目标。这包括长期、中期、短期目标,以及需要处理的业务流程、服务范围和服务水平等关键要素。通过对这些内容的深入了解,企业可以更加准确地确定实施策略的优先级和重点。

(三)组织结构和人员配置

企业需充分考虑实施策略对现有组织结构和人员配置可能产生的影响,并对现有财务团队的能力和经验进行全面评估,以确定组织及人员的调整计划是否与实施策略相匹配。

(四)技术平台和系统集成

企业需评估自身的技术平台能力和系统集成能力,进而判断系统的可扩展性、稳定性和安全性,以及其集成能力是否可以支撑实施策略的同步推进。

(五)成本效益分析

企业需对建设财务共享服务中心的各种实施策略的预期成本和效益进行全面评估,包括硬件和软件的投资成本、人员培训费用、运营成本等方面的支出,以及实施这些策略可能带来的效率提升、成本节约等效益。通过这样的评估,企业可以更加明确地了解各种策略的经济性。

(六)变革管理和沟通策略

企业在制定变革管理和沟通策略时,需确保这些策略能够与实施策略的执行相匹配,从而有效提升员工对财务共享服务中心的接受度和支持度,包括向员工明确解释实施财务共享服务中心的目的、可能带来的影响以及预期的好处。同时,企业还要为员工提供必要的培训和支持,以确保员工能够顺利适应新的工作环境和流程。

(七)风险管理和应对措施

企业需要识别不同策略在实施过程中可能出现的风险,如技术风险、人员风险、数据安全风险等,制定相应的应对措施,并确保具备足够的资源和能力来有效应对这些风险。通过合理的风险管理和应对策略,企业能够降低潜在风险对实施策略的影响,确保财务共享服务中心建设的顺利进行。

二、财务共享组织变革的四大路径

财务共享服务中心的组织变革通常采用"先试点,再推广"的模式。通过试点阶段,企业能够验证业务模式的可行性,随后进行全面推广,快速复制成功经验,从而顺利完成变革。在试点的选择上,常见的维度主要包括"业务试点"和"组织试点"两个维度,依据这些维度,试点又分为单业务单组织试点、单业务多组织试点、多业务单组织试点和多业务多组织试点四种模式。企业应根据实际情况和需求进行具体的试点模式选择,确保变革过程既符合企业战略,又能满足业务发展的需要。

(一)单业务单组织试点

单业务单组织试点是最为保守的一种试点模式。财务共享服务中心在国内发展的萌芽期,许多企业都倾向于采用这种模式。企业通常会选择一家受控度较高的组织,针对某一具体业务进行试点,而费用业务则往往是早期试点的首选。在这一阶段,财务共享模式尚处于论证和探索之中,许多企业对于这种变革模式是否正确尚存疑虑,且缺乏足够的成功实践案例作为参考,因此企业需要结合自身实际情况进行摸索和尝试。

这种试点模式的优势是影响范围较小,容易取得成功,有助于树立信心。然而,它也存在一些弊端。例如,由于企业只选择了一家组织进行某一类业务的试点,变革的覆盖范围相对有限,这种模式本质上并不算真正的财务共享模式,难以充分验证共享业务模式的可行性和效果。因此,一些企业在完成单业务单组织试点后,还希望进一步采用单业务全组织推广或多业务单组织推广等方式更全面地验证变革模式的可行性。然而,每一轮试点和推广都需要一定的时间周期,涉及业务宣贯、组织变革、系统切换等工作,这可能会延长整个变革周期,而且随着时间推移可能会出现变革的动力不足和见效慢等风险。

尽管如此,目前仍有一些企业选择这种试点模式,但会尽量缩短试点的周期,以更快地形成样板并提振信心。此外,一些企业由于其组织或业务具有特殊性,如单一组织规模占比较大,初步试点成功后即可迅速推广至其他业务和组织,也会选择这种试点模式。

(二) 单业务多组织试点

在财务共享服务中心发展的高峰期,采用多组织试点模式的企业最为普遍,这些企业一般会选择几家具有代表性的组织进行费用业务的试点。

相较于单组织试点,多组织试点的影响范围更广。一些企业的管理者更倾向于采用多组织甚至全组织的方式进行试点,这主要是因为在变革初期,无论是理念宣贯的效果还是可获得的支持力度都是最强的。在这个阶段,企业如果能够一鼓作气先将整体模式调整过来,将有助于下阶段变革的推进。

大多数企业选择费用业务作为试点的主要原因是其标准化程度较高,处理难度相对较小。对于企业而言,这部分业务的影响程度较低。对财务人员来说,处理多家公司的同类费用业务相对容易。此外,与费用相关的数智化产品也相对成熟,且费用业务对其他业务系统的依赖程度不高,容易实施。因此,采用费用业务作为试点更容易实现变革的成功。然而,仍然有部分企业由于费用业务复杂度过高或难以标准化,而系统无法通过自动化手段取代大量差异性工作,其财务共享的变革止步于费用共享阶段。

随着信息技术的发展,也有一些企业从一开始就尝试使用其他业务进行试点,并取得了成功。例如,某企业的主营业务同质性较强,因此把分布在各地的公司作为试点单位,优先将标准化程度高、自动化程度高的应收业务作为财务共享服务中心的首批试点业务。该企业先在应收业务上取得成效,再逐步推广到占比较小的费用业务,最终实现了财务共享服务的顺利推广。

(三) 多业务单组织试点

随着越来越多的行业头部企业成功实现了财务共享服务中心的建设和运营,管理变革获得成功,行业中的追随者大多倾向于参考行业最佳实践案例,以便快速复制成功经验。许多企业会选择业务较为典型的组织作为试点,将其全业务纳入财务共享服务中心,进行一次性的管理变革。这种模式在系统建设方面也具备一定的优势,即能够同步一体化建设系统,形成覆盖全业务的最佳实践案例,从而有助于后期的推广。如果单一组织的业务覆盖度不高,一般企业会倾向于选择几个典型组织一起进行试点。

(四) 多业务多组织试点

从早期的传统观点来看,多业务多组织试点的挑战确实较大。然而,随着技术的不断进步、方法的日益成熟以及最佳实践案例的逐渐丰富,这种模式反而展现出了见效快、成本低等优势。从目前的发展趋势来看,选择多业务多组织试点的企业在逐渐增多。

在多业务多组织试点模式下,合理地选择业务和组织是试点成功的关键因素。在组合多组织和多业务时,企业需要考虑的因素众多,包括变革的核心目标、变革在企业中的推行力度、主营业务的情况、各项业务的标准化程度以及信息技术在企业中的使用情况等。企业需要仔细权衡这些因素,以确保试点的顺利进行和最终的成功。

从趋势来看,试点的目的正在悄然转变。越来越多的企业不再需要通过试点来验证财务共享模式的正确性,或检验信息系统的支撑能力,而是更加关注变革能否快速、有效地实施,并尽快看到成效。但在整体变革路径的选择上,仍然鲜有企业会选择一次性进行全组织全业务的财务共享变革。目前,业内实践较多的有以下两条变革路径,这两条路径各有特点,企业可以根据自身实际情况和需求来选择最适合自己的变革路径。

路径一:先进行全组织费用业务试点,随后再推进至全组织全业务试点。

路径二:先进行部分组织全业务试点,然后逐步扩展至全组织全业务试点。

三、信息系统建设与组织管理变革保持同步

在财务共享管理变革中,信息系统(包含财务共享平台及周边业财系统)建设的核心目标是配合组织管理变革的有效落地,因此,信息系统建设的关键在于与组织管理变革的节奏保持同步。需要注意的是,企业在选择组织管理变革策略时,信息系统的建设能力虽然是一个考量因素,但并不是最主要的因素。同时,企业在进行组织管理变革时应为信息系统建设预留出合理的时间,但也不能因信息系统没有完善而一再拖延变革的进程。

变革过程中,许多企业曾经历过"信息系统不完善导致业务受阻"的困境。这主要是由于企业在信息系统规划设计阶段过于注重"终极方案"的设计,而没有充分重视在实现这一"终极方案"的过程中信息系统需要支撑组织管理变革每个阶段业务的平稳运行。

因此,在实施组织管理变革的过程中,企业需要深入了解现状与未来规划之间的差异,并在设计出组织管理变革的路径策略后对每个过渡阶段的情形进行充分分析;同时,信息系统的建设过程必须与组织管理变革的路径保持同步,以确保在每个过渡阶段信息系统都能有效支

持业务的顺畅运行。尤其是在变革的中间阶段,当涉及信息系统数据迁移和多信息系统业务并行时,除了保障业务的正常运行,企业还需充分考虑变革过程对原有信息系统影响,以及确保未变更的业务仍能够正常开展。

四、小结

财务共享服务中心建设的核心在于组织管理变革的成功与否。为确保变革顺利推进,企业需从七大维度出发,精心制定实施策略,同时在推进财务共享服务中心建设的过程中结合自身的业务特征、组织分布、管理标准化程度等因素,选择适合自身的试点建设及推广路径。此外,信息系统作为支撑财务共享模式的关键工具,其建设步骤需与组织管理变革进度保持高度协调。只有通过合理的策略选择、科学的路径规划以及信息系统的同步建设,企业才能顺利推进财务共享服务中心建设。

第二节 财务共享流程设计关键问题、设计思路及实践应用

财务共享流程设计不仅是财务共享模式设计的关键组成部分,也是财务共享服务中心建设的重要基础。在财务共享模式规划阶段,流程设计并不是单纯地将现有流程分割为业务端、业财端和共享端,也并非仅仅进行标准化设计。这样的做法往往会导致流程效率降低,进而引发业务端或业财端抱怨连连。那么,如何防止流程设计不够细致,导致方案无法顺利落地或在实施阶段需要重新设计的问题呢?本节结合众多企业在财务共享流程设计过程中遇到的问题和积累的实践经验,总结了流程设计时需要重点考虑的问题和设计思路,以便读者能够快

速掌握财务共享流程设计的方法,顺利推进财务共享服务中心的实施工作。

一、财务共享服务中心流程设计中的关键问题

结合众多大型央企和国企的财务共享服务中心建设经验,我们发现在财务共享流程设计中需要关注的关键问题有以下几点。

第一,制定统一的工作标准,该标准既要适应业务特点,又要满足财务管理的要求。

第二,从组织架构、业务流程、信息系统等多个方面为财务共享服务中心提供有力支撑。

第三,基于不同业务的特点、类型及规模,建立具有针对性的工作流程。

第四,根据业务需求对业务流程进行优化,以减少重复的活动和作业,提高工作效率。

二、财务共享服务中心流程设计思路

财务共享流程设计的核心在于业财流程的深度融合。财务共享全业务流程涉及费用报销核算、资产核算、资金结算、存货及成本核算、总账核算以及财务报告等业务领域。针对这些业务领域,企业需根据自身的业务规模、业务类型及业务特点,量身打造具备针对性的工作流程。同时,企业需要充分考虑财务共享服务中心的组织架构和信息系统对财务共享流程的支撑作用。此外,在财务共享流程设计过程中,企业必须充分考虑其内部控制及风险管理的要求,以确保财务共享服务中心的建设工作能够稳步推进。

许多企业在进行财务共享流程设计时往往会面临一个难题:如何在有限的时间内,制定出一个既适合企业实际情况又能够顺利实施的财务共享流程设计方案。这一难题在层级多、行业板块复杂的大型企

业集团中尤为突出。为了确保方案实施的可行性，企业在设计财务共享流程方案时，应着重关注以下两点。

第一，财务共享流程设计方案是否全面涵盖了与财务相关的全流程清单。为此，设计者在交付的文档中应附带一份详尽的《财务共享业务流程清单》。这份清单能够帮助企业清晰地了解所有涉及财务的业务流程，从而确保业务流程无漏项。财务共享流程设计方案则是对清单中的每个流程进行再造与优化，并提供详细说明。

第二，财务共享流程设计方案是否具备可行性。企业财务共享流程设计方案应全面涵盖业务描述、适用范围、流程图、流程描述、稽核要点、业财属性字段、核算规则等详细内容，以便实施团队能够迅速掌握财务共享流程内容，并将其精准部署到相关的业务与财务系统中。

三、领先实践：服务类应付确认核算流程

下面，我们以某企业服务类应付确认核算流程的相关流程设计方案文档为例，展示财务共享流程设计方案所应包含的业务描述、适用范围、流程图、流程描述、稽核要点、业财属性字段、核算规则等要件及其具体展现形式，以便更好地理解和应用。

（一）业务描述及适用范围

服务类应付确认核算流程主要处理企业因接受其他公司提供的有偿的、直接或间接的经济性服务而产生的应付款项核算业务，包括生产经营性和基建类的服务结算。鉴于服务类型不同，该流程适用于多种业务费用的处理，包括外委费、修理费、财产保险费、仪表检定费、安全生产费、租赁费、劳动保护费、铁路费用、发电权交易费、灰渣处置费、环保费用、试验检验费、技术服务费、安全措施费、煤场费用、运输费、餐饮服务费、物业服务费、会务服务费、炉渣运输费、园区维护费和消防费。

（二）流程图

服务类应付确认核算业务流程如图 3-1 所示。

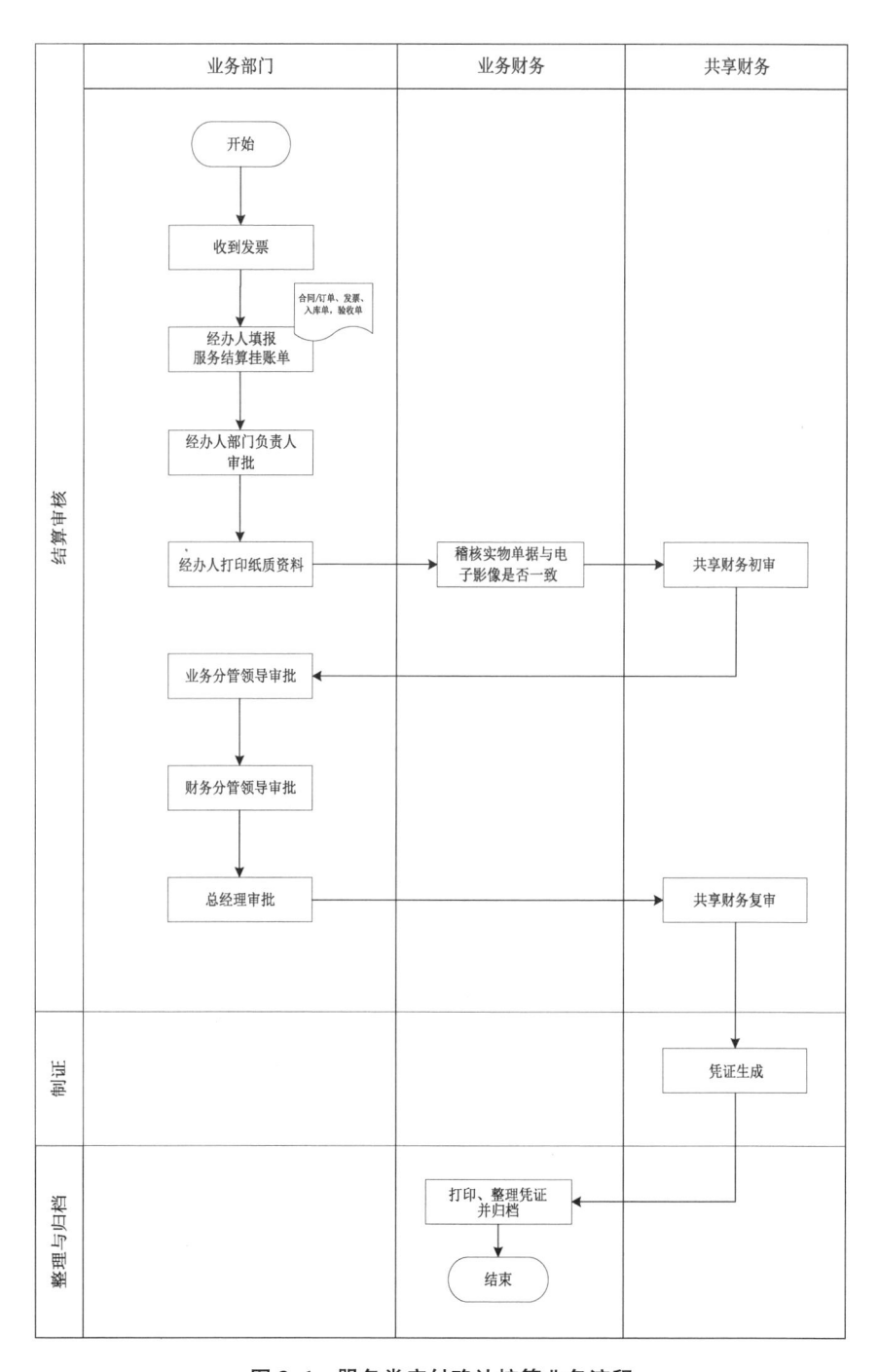

图 3-1 服务类应付确认核算业务流程

常见问题：在绘制流程图时，不少企业由于未深刻理解业务流程图的表达内容，没有从业务本质出发进行思考和优化，容易将业务流程图描述成系统流程图。

正确做法：在财务共享模式下，企业应从业务本质出发，明确谁是最先接触数据源者，进而确定业务流程的发起者，并清晰识别和界定业务部门与业务财务以及共享财务之间的职责分工。同时，企业需要确定业务部门应提交什么单据进入共享环节，这些单据是业财融合的关键所在。

（三）流程描述

在绘制完成财务共享业务流程图后，我们需要编写流程描述文档对业务流程进行具体描述。文档编写人员需要设计规范的文档格式（包含文档名称及编码、文本格式要求等），对包括各流程节点的输入文档、输出文档、操作角色等进行具体描述（表3-1）。

表3-1　服务类应付确认核算流程描述

活动步骤	活动名称	输入文档	输出文档	支持系统	操作人员
步骤1	收到发票	发票	无	无系统，手工接收	经办人
步骤2	填报《服务结算挂账单》	合同、发票、结算说明、结算表、执行情况说明表（外委服务）	服务结算挂账单	1. 经办人在财务共享平台填报《服务结算挂账单》 2. 经办人操作合同管理系统将数据推送到财务共享平台生成《服务结算挂账单》	经办人

注意：为确保业务运作的准确性和效率，文档编写人员需全面枚举输入/输出文档，详尽至最明细的文档名称。通过此列表，文档使用者能够实施文档的标准化和规范化管理，并且后续可利用智能审核机制有效防止漏传文档附件等情况的发生。

（四）稽核要点

共享财务建设的初衷是让业务财务人员从核算工作中解放出来，从事更有价值的管理和业务支持工作。在财务共享流程设计过程中，企业需根据业务需求清晰地划分业务财务与共享财务的审核点；同时使每个审核点都具备可执行性，并且能够被具体衡量，以确保流程的高效与准确。

常见问题：稽核要点梳理不清,职责切分不明,让用户觉得多了一道审核环节。

正确做法：全面提炼流程图中各节点的稽核要点及相应的稽核规则(表3-2)。

表3-2　服务类应付确认核算流程中的稽核要点

活动名称	控制类型 （核对/审批/稽核）	责任岗位	稽核要点
稽核实物单据与电子影像是否一致	稽核	业务财务	1. 审核实物单据是否齐全 2. 审核实物单据和电子影像是否一致
共享财务初审	稽核	共享财务	1. 审核业务单据及附件是否齐全 2. 审核《服务结算挂账单》和电子影像附件中的数据是否一致 3. 审核发票信息，包括发票代码、号码、不含税金额、税额等是否正确 4. 审核挂账金额是否与发票金额一致

(六) 业财属性字段

常见问题：重点业财属性描述不清楚,业财属性字段无法设置自动入账规则。

正确做法：应详细阐述该流程所承接业务的业务属性,这些业务属性不仅可作为审核的数据支撑,也能作为管理报告的数据来源,同时也是财务入账的重要依据。具体来说,这些业务属性可以包括收支项目(或费用项目)、业务部门、业务板块及相关字段等。

(七) 核算规则

常见问题：业务拆分得还不够细,不能明确指向具体的明细会计科目。

正确做法：为了确保财务共享业务流程设计方案顺利落地,每个流程都必须精确对接具体的明细会计科目。如果一个业务流程最终无法精确指向具体的明细会计科目,那就说明该流程尚未细化到位,需要继续拆分,直至能够明确指向具体的明细会计科目。同时,在此基础上,企业需要对会计分录以及凭证摘要等内容进行标准化定义。

核算规则设置示例如下:

1. 摘要

确认应付+【供应商】+【收支项目】服务采购款。

2. 分录

根据收支项目的不同,将其列入不同的借方科目。

1)综合物流类、劳务服务类成本结转:通过物流成本/劳务成本归集,月末自动结转至主营业务成本。

借:5601××物流成本——明细科目(部门/业务板块/业务品种/内部订单)

或借:5201××劳务成本——明细科目(部门/业务板块/业务品种/内部订单)

2221010101应交税费——应交增值税——进项税额——部门/税率

贷:220201××应付账款——明细科目

或贷:2241××其他应付款——明细科目

2)生产制造企业采购业务结转:将生产中发生的服务采购费用计入材料成本或制造费用。

借:5001××生产成本——明细科目

或借:5101××制造费用——明细科目

2221010101应交税费——应交增值税——进项税额——部门/税率

贷:220201××应付账款——明细科目(客商/部门/业务板块、工程项目/研发项目/款项性质/业务品种/内部订单)

或贷:2241××其他应付款——明细科目(部门/客商/业务板块/业务品种/内部订单)

3)集团内企业供应链业务板块发生的运费、仓储费等分摊业务结转:运费按采购批次分摊到主营业务成本,仓储费不分摊直接计入销售费用。

借：6401××主营业务成本——明细科目

或借：6601××销售费用——明细科目

贷：220201××应付账款——明细科目(客商/部门/业务板块/工程项目/研发项目/款项性质/业务品种/内部订单)

或贷：2241××其他应付款——明细科目(部门/客商/业务板块/业务品种/内部订单)

四、小结

在财务共享流程设计过程中，企业需要紧密结合自身业务特征，系统梳理流程框架和流程清单，在此基础上，针对业务本质，依托标准化、结构化的流程设计文档格式，对财务共享流程进行规范的设计和详尽的描述。只有这样，项目实施团队才能快速理解流程设计内容，并顺利实现流程的系统化配置，财务共享服务中心才能高效运行。

第三节　表单设计面临的主要问题及解决策略

从事信息化建设工作的人员常常会听到这样一句话："制度流程化，流程表单化，表单信息化，信息标准化。"这句话简要地概括了系统落地的路径，其核心内容包括：第一，表单承接管理制度与流程的落地，体现管理思路和意志；第二，表单是指导数据标准化落地的工具，是设计业务对象、逻辑模型、物理模型时的参考。

在财务共享平台的运作中，财务表单是承载财务共享流程流转的核心载体，表单设计是财务共享模式构建中的重点和难点。特别是在企业存在多业态、多业务系统的情况下，表单设计人员面临的情况更为复杂。如何结合企业的业务特性和财务共享的实际需求设计出既实用又高效的表单，始终是摆在设计人员面前的一大难题。

本节结合大型央企、国企和集团化企业的财务共享表单设计实践，总结表单设计过程中主要面临的问题及相应的解决策略,旨在帮助企业快速理清思路,快速上手,实现财务表单的优化设计。

一、表单设计面临主要问题

企业在进行表单设计时,通常会遇到以下三方面问题。

第一,手工数据过多。在不具备自动采集数据条件的情况下,用户需要手动录入大量数据。例如,报销用车费用时,需要输入时间(包括年、月、日、时、分)、路径(起点和终点)、发票号、车辆信息、同行人以及用车类型(如市内用车、市外用车)等,大量数据录入耗时费力。

第二,场景拆分过细,过分强调场景管控的诉求而拆分了过多的表单,导致一个事项被拆分成多个单据进行填报、审批和审核。这样不仅耗时,而且增加了操作复杂度,降低了整体工作效率。

第三,照搬线下或其他系统的表单,仅仅对线下表单或其他系统表单进行简单的复制或线上化处理,没有体现出场景化的设计思路,导致表单的使用效果不佳。

综合考虑表单设计问题、业务特点、财务共享平台功能架构等因素,企业需要解决的核心问题包括:在不同情形下,如何确定数据录入的颗粒度;在存在多个业态的情况下,应该使用一个表单还是多个表单承载业务;是每个场景都需要一个单独的表单,还是多个场景可以共用一个表单。

二、表单设计核心解决策略

为解决以上问题,企业需要重点做好需求决策管理以及场景化的表单设计。

(一)设计策略1:做好需求决策管理

表单的源头来自需求。在遵循标准化需求过程管理的同时,企业尤其要注重需求的决策管理,包括决策需求是否能实现以及实现到何种程度。需求决策管理是指先对需求进行分层分级管理，然后在分层分级的前提下对需求进行评估，从而选定优先实现的需求。

1. 需求决策管理步骤

1）需求分层分级

在采集需求后，企业应先按照业务、场景、需求点进行归纳，然后对归纳好的需求进行分析，以便分解出不同级别的可实现需求。

2）需求评估

在分层分级完毕的基础上，企业应按照多个维度对需求进行评估，如紧急、重要、风险、成本、效益以及风险措施等，并依据各自的权重进行评分。

紧急：该维度是指需求的紧急程度。企业应根据紧急程度优先级来确定需求的实现顺序，常见的优先级较高的需求包括那些能够快速见效或者经常使用的需求。

重要：该维度反映的是需求的重要程度。如果某个需求不实现将导致收入降低、成本增加、业务受阻或企业面临风险和声誉损失，那么该需求就非常重要。通常，涉及企业收入增长、成本降低、安全提升等方面的需求都较为重要。企业在难以判断某一需求的重要程度时，可以考虑与企业绩效指标相结合，与绩效相关的需求往往更为重要。

风险：该维度衡量的是需求对企业风险的影响程度。如果某个需求不实现将导致企业面临各种风险，并可能增加风险发生的概率，那么该需求在风险维度上的评估得分就会较高。常见的风险包括合规性风险、财务风险、采购风险等。

成本：该维度考虑的是实现需求所需投入的成本，包括人力、物力、财力以及使用成本。在成本评估时，企业不仅要计算实现需求的开发成本，还要考虑到后续的运维成本和使用成本，以避免在使用过程中投入的成本远超开发成本。

效益：该维度关注的是实现需求后能够带来的效益，如收入增长、成本节约、用户时间节省、效率提升、用户满意度提升等。

风险措施：该维度关注的是在特定需求下如何进行风险管理，以及通过哪些措施来降低风险发生的可能性，从而确保企业整体风险的可控性。

2. 需求决策管理示例

下面我们以A公司出差用车报销的业务为例来说明需求的决策管理过程。目前，A公司差旅用车的详细信息尚不能自动收集，但由于员工注重信誉且报销过程中的合规性和财务风险较低，差旅用车报销成本在总体差旅成本中的占比不到10%。

在进行需求决策时，我们需要综合考虑上述六个维度，以确定是否对该业务进行改进以及改进到何种程度，并使其能够支撑差旅用车报账表单的设计。

1）需求分层分级

根据收集的需求，我们对差旅用车报销需求进行分层分级（表3-3），主要分为以下三个层级。

表3-3　需求分层分级表

序号	公司	业务	场景	需求层级	需求
1	A公司	差旅报销	国内出差用车报销	1	按照费用类型进行填报，支持合并填写
2				2	按照"费用类型 + 发票号 + 行程 + 时间"填写
3				3	按照"费用类型 + 发票号 + 行程 + 时间 + 用车类型 + 同行人"填写

（1）按照费用类型进行填报，支持合并填写。这种方式可以节省大量的填报和处理时间，但管理者无法结构化地获取报销的内容，也无法自动检测是否存在重复报销行为，因此存在一定的财务风险。然而，这种方式的开发和使用成本是最低的。对于由此产生的财务风险，我们可通过费用预算总额控制以及事后稽核的手段来控制。

（2）按照"费用类型＋发票号＋行程＋时间"填写。这种方式需要员工根据行程来填写费用明细，比较浪费时间，使用成本较高。但其优点在于可以检测重复报销、报销时间合理性等，从而提升企业对财务风险的管控能力。

（3）按照"费用类型＋发票号＋行程＋时间＋用车类型＋同行人"填写。在行程确定的基础上，这种方式进一步提升了数据的精细度。然而，这种方式也需要花费大量时间填写报销单，使用成本最高。但其优点是可以检测重复报销、报销时间合理性、同行人的报销合理性以及费用的合理性等，从而最大化地提升了管控的精细度。

2）需求评估

我们对上述三个需求层级的需求从五个可量化维度进行评估，并结合评分标准进行评分（表3-4）。评分标准如下：

（1）重要：需求越重要分值越高，满分为5分。

（2）紧急：需求越紧急分值越高，满分为5分。

（3）风险：需求风险越高分值越高，满分为5分。

（4）成本：需求成本越低分值越高，满分为5分。

（5）效益：需求效益越好分值越高，满分为5分。

表3-4 需求评分表

业务	场景	需求层级	需求	重要	紧急	风险	成本	效益	总分
差旅报销	国内出差用车报销	（1）	按照费用类型进行填报，支持合并填写	3	5	4	5	4	21
		（2）	按照"费用类型＋发票号＋行程＋时间"填写	4	4	5	3	4	20
		（3）	按照"费用类型＋发票号＋行程＋时间＋用车类型＋同行人"填写	5	3	5	2	5	20

从表3-4我们可以看出，实施需求（1）比较合适。即在当前企业尚未实现差旅数据自动获取的情况下，按照行程汇总进行费用的填报。因为这种需求层级的成本最低，评估得分最高。可见，企业通过实施需

求决策管理选择合适的需求层级,既可以提升用户体验,又能够降低使用成本。此外,企业还可以通过事前预算管控与事后费用报销抽查稽核相结合的手段来降低财务风险。

(二)设计策略2:做好场景化的表单设计

什么是场景?简单来说就是要描述清楚五个要素:谁(who),在什么时间(when),什么地点(where),通过什么行为(how),要做什么事件(what)。这五个要素构成了场景的基本框架。场景化表单设计是指在需求采集和评估的过程中,通过深入理解用户需求与用户产生共情,并充分运用场景五要素设计出用户满意度高且承载最合适业务需求的报账表单。

场景化表单设计并不是简单地将表单进行线上化处理或者复制其他系统的表单,而是充分考虑用户的使用习惯、管控需求;场景要做到可明确区分,不能存在边界不清的情况;同时,需要提供简洁高效的界面,提供明确的导航,尽量减少用户的手工输入,尽量去预测用户的行为,提供即时、明确的反馈,以避免用户重复进行表单处理。

1. 场景化表单设计步骤

1)承接需求

这一步骤是指承接需求决策管理产生的结果,确认表单需要实现的需求点。

2)场景梳理

这一步骤是指收集与业务场景对应的表单。业务人员在收集表单时,如果存在前端业务系统,则应从前端业务系统中获取相关表单;若不存在前端系统,则需要收集线下表单。收集相关表单后,业务人员需要根据收集的表单梳理关键的数据字段。这些数据字段应依据主要信息的分类和关系进行明确区分,如报销表头字段、预算字段、行字段、与费用类型相关的业务信息字段、成本分配字段、银行字段以及账单字段等。相关人员应对这些字段进行准确分类和填写,以提高数据处理和信息管理的效率。

3) 场景分析与设计

这一步骤是指在分析表单字段与前端业务系统的切分时,设计人员需要仔细考察场景的趋同性和明确性,对于存在的差异情况,设计人员应确定处理方式,同时尝试将其与具有相似特性的场景进行合并设计。

4) 场景化表单界面设计

这一步骤是指根据梳理的字段进行表单界面设计,表单设计应涵盖表头、行项目、明细信息、成本分配、结算信息、预算项目等内容。

5) 用户模拟

这一步骤是指模拟各个角色在该场景下使用表单的过程,并记录表单使用过程中存在的问题。

2. 场景化表单设计示例

1) 承接需求

下面我们以 A 公司的费用报账业务为例,对其国内外出差报销业务、通信费报销业务和会议费报销业务进行场景化的表单设计。

2) 场景梳理

在收集了 A 公司国内外出差报销单、通信费报销单、会议费报销单几个场景后,我们对场景的前端系统、业务、表单和需求关键数据进行梳理(表3-5)。

3) 场景分析与设计

按照场景化表单设计的流程,我们先对表单字段的趋同性与明确性进行分析。依据表 3-5 收集的需求关键数据,我们对 A 公司的国外出差报销单、国内出差报销单、通信费报销单以及会议费报销单这四类报销场景进行了深入剖析,发现这些单据都包含以下几个维度的信息。

(1) 基本信息,包括填报人、填报人所在部门、费用承担部门、项目、比例、金额、本位币金额。

(2) 费用明细,包括费用类型、金额、币种、本位币金额、对应费用业务明细信息。

(3) 账单明细,包括发票号、发票代码、金额、税率、可抵扣金额。

表 3-5 场景梳理表

业态	前端系统	业务	待确认场景	需求	表单	需求关键数据
A 公司通用	商旅系统	差旅报销	国内出差报销	按照费用类型进行填报,支持合并填写	国内差旅报销单	1. 基本信息:填报人,填报人所在部门,费用承担部门,项目,比例,金额,本位币金额 2. 费用明细:费用类型、金额、币种、本位币金额、税率、可抵扣金额 3. 账单明细:发票号、发票代码、银行账号信息 4. 收款信息:收款供应商 5. 预算控制信息:填报人提交,费用项目,预算金额,当前占用金额 6. 审批流程:填报人提交→填报人所在部门审批→承担费用的部门审批 7. 申请信息:差旅费用类型,差旅起始日期,差旅结束日期,金额 8. 支撑材料:无
A 公司通用	商旅系统、OA系统	差旅报销	国际出差报销	按照费用类型进行填报,支持合并填写	国际差旅报销单	1. 基本信息:填报人,填报人所在部门,费用承担部门,项目,比例,金额,本位币金额 2. 费用明细:费用类型、金额、币种、本位币金额、税率、可抵扣金额 3. 账单明细:发票号、发票代码、银行账号信息 4. 收款信息:收款供应商 5. 预算控制信息:填报人提交,费用项目,预算金额,当前占用金额 6. 审批流程:填报人提交→填报人所在部门审批→承担费用的部门审批 7. 申请信息:差旅费用类型,差旅起始日期,差旅结束日期,金额 8. 支撑材料:出国审批单

第三章 项目建设期的核心陷阱及预防措施

(续表)

业态	前端系统	业务	待确认场景	需求	表单	需求关键数据
公司						
A公司通用	无	通信费报销	员工季度定额通信费报销	定额通信费用报销	通信报销单	1. 基本信息：填报人、填报人所在部门、费用承担部门、项目、比例、金额、本位币金额 2. 费用明细：费用类型、金额、币种、本位币金额、对应费用业务明细信息 3. 账单明细：发票号、发票代码、金额、税率、可抵扣金额 4. 收款信息：收款供应商、银行账号信息 5. 预算控制信息：费用项目、预算金额、当前占用金额 6. 审批流程：填报人提交→填报人所在部门审批→承担费用的部门审批 7. 申请信息：无 8. 支撑材料：无
A公司通用	OA系统	会议费报销	市场会议费报销	会议费用进行报销	会议报销单	1. 基本信息：填报人、填报人所在部门、费用承担部门、项目、比例、金额、本位币金额 2. 费用明细：费用类型、金额、币种、本位币金额、对应费用业务明细信息 3. 账单明细：发票号、发票代码、金额、税率、可抵扣金额 4. 收款信息：收款供应商、银行账号信息 5. 预算控制信息：费用项目、预算金额、当前占用金额 6. 审批流程：填报人提交→填报人所在部门审批→承担费用的部门审批 7. 申请信息：会议举办申请 8. 支撑材料：无

125

（4）收款信息，包括收款供应商、银行账号信息。

（5）预算控制信息，包括预算项目、预算金额、当前预算占用金额。

（6）审批流程，先由填报人提交，然后由填报人所在的部门审批，最后由承担费用的部门审批。

（7）申请信息，包括差旅费用类型、差旅起始日期、差旅结束日期、费用类型、金额。

（8）支撑材料，包括需要支撑报销的附件资料。

通过分析四类报账场景，我们发现国内与国际差旅费用报销在多方面趋同，除了在OA系统中发起的出国申请有差异，其他环节均保持一致，并且OA系统中的出国申请并不影响差旅及报销流程。同样，通信费报销与会议费报销也表现出趋同的特点，然而，差旅报销与通信费、会议费报销在前端业务系统方面存在差异。

此外，我们还对四类报账场景是否可明确切分进行了分析。我们发现对于国内费用报销与国际费用报销，除了出国申请环节有所区别，差旅报销在其他方面并无显著差异。此外，考虑到在同一趟出差中，员工可能会同时涉及国内出差和国际出差，因此这两部分费用报销不可切分。至于差旅报销、通信费报销和会议费报销这三种场景，经过深入分析，我们可以明确区分它们的不同之处（表3-6）。

表3-6 场景设计表

公司	业态	前端系统	业务	场景	用户场景可明确切分	趋同	差异化处理
A公司	通用	商旅系统	差旅报销	国内出差报销	否	国际出差报销	费用类型区分国内外
A公司	通用	商旅系统，OA系统	差旅报销	国际出差报销	否	国内出差报销	费用类型区分国内外
A公司	通用	无	员工季度通信费报销	定额通信费用报销	是	市场会议费报销	费用类型区分
A公司	通用	OA系统	市场会议费报销	会议费用进行报销	是	员工季度通信费报销	费用类型区分

依据以上梳理结果,我们建议 A 公司对国内、国际差旅费报销做合并处理,对员工季度通信费报销与市场会议费报销做分开处理。

4)场景化表单界面设计

对于场景表单界面设计,除了进行结构化的设计,我们还需要按照角色界面进行区分处理。主要的角色界面包括用户界面、审批者界面、财务共享服务中心审核界面。

用户界面:主要为用户提供导航式的表单录入功能,非必要输入的信息默认隐藏处理。对于差旅费报销,系统将自动集成商旅系统的数据,同时实时进行预算检查,无需用户手工输入。

审批者界面:主要为审批人员提供预算控制对比和金额差异展示情况,系统将自动提示是否满足预算管控要求以及与出差申请的匹配情况,从而节约审批时间。

财务共享服务中心审核界面:主要为共享财务人员附加展示票据合规性和内控合规性检查情况,确保审核过程的全面性和准确性。

5)用户模拟

在表单设计完成后,我们诚邀关键用户及最终用户参与模拟业务操作,以预演上线后的实际使用场景。若通过在线模拟发现任何不符合预期的操作或需求,我们将从场景梳理阶段起进行针对性的调整,并持续迭代,直至满足所有用户的期望和要求。

三、小结

通过需求决策管理以及场景化表单设计等多个关键步骤,企业能够设计出满足其不同阶段、不同业务需求的财务表单。然而,鉴于每家企业的背景和业务存在差异,企业不能简单地照搬模板,在具体实施过程中必须紧密结合自身实际情况,对设计方案灵活地进行调整和优化,以确保表单的适用性和时效性。

第四节　系统集成面临的挑战及即配即用设计思路

在企业精细化管理不断提升的背景下,财务共享模式持续演进,从传统的费用共享逐步向全业务、多职能及全球化共享延伸深化。企业在构建财务共享服务中心时,除了面临多业态、复杂非标业务的纳入问题,还面临分散、独立、多异构的复杂信息化系统挑战。因此,财务共享平台如何能够快速高效地与周边系统实现集成,贯通聚合流程,实现即配即连、即连即用功能,使业务单据能够快速接入财务共享平台,并进行数据埋点的精细化管理,成为财务共享平台选型的关键决策因素。

一、财务共享平台集成的挑战

在财务共享平台建设规划中,灵活易用的财务共享平台逐步被定位为业财融合的重要集成平台和业财中台。但其建设过程中面临如下挑战。

(一) 业务灵活性要求高

由于财务共享平台与前端业务系统的集成衔接紧密,当业务模式发生变化或有新业务纳入时,业务需求的变化对财务共享平台及相关系统接口的影响较大。此时,设计者需要通过客户化定制开发的方式实现系统集成应用与需求变化的适配。这就要求财务共享平台在异构系统集成功能方面具有较高的灵活性。一方面,平台自身需要能够快速适应业务与管理的需求变化;另一方面,设计者要确保局部功能或接口的变化对财务共享平台的影响较小且可控。

(二) 系统整合问题多

建设财务共享模式的企业集团通常具有业态复杂、信息系统多、服务范围广等特征,如果信息系统间的集成缺少统一规划,在财务共享平台的建设过程中,企业将面临大量的系统整合问题,诸如功能边界界定不清晰,数据流转过程中存在融合校验问题,以及既有系统的升级、更换问题等。

(三) 业务满足与使用体验兼具

在财务共享平台推进业财流程对接的同时,还需确保数据埋点、对接以及同步回写等关键事项的顺利落地。在业务流转过程中,根据不同的流程操作、节点状态,可能会出现数据回写、更新同步等循环往复的集成需求。如何既满足对接的灵活性,又保证前台获得良好的使用体验,是财务共享平台面临的核心难点之一。

(四) 新技术应用快速引入

随着大模型、人工智能、数字员工等新技术的发展和逐步普及,在保障财务共享平台核心功能不断优化迭代的同时,如何引入并匹配各种新技术应用以更好地赋能业务,成为财务共享平台建设运营过程中需考虑的核心问题。

(五) 中台化应用全流程贯穿

企业在构建财务共享平台的过程中开发建设了诸如电子影像、智能审核等在内的部分中台化应用。这些中台化应用旨在服务于企业的各类报账平台和业务系统。当这些报账平台、业务系统与中台化应用不是基于同一底座平台构建时,如何在异构系统中顺畅地调用中台化应用的问题就随之产生。因此,在实施这些中台化应用时,企业需要重点考虑如何确保电子影像、智能审核等中台化应用能够顺畅地融入所有流程和系统中,并且不干扰各异构系统的核心功能。

二、即配即用的财务共享平台集成设计策略

(一) 明方向:异构集成设计重点考量

企业在进行财务共享平台的异构集成设计时应充分借鉴大型集团

信息系统规划设计、财务共享平台建设经验及行业领先实践,并结合财务共享平台建设的总体定位和目标,进行企业财务共享平台的集成整体规划。在设计过程中,企业应重点考虑以下核心要素。

1. 聚焦流程,全面集成

企业在信息系统集成设计过程中需充分理解流程设计的业务意图与目标,基于流程端到端的场景覆盖需求进行前、中、后台系统的设计与推演,通过各系统的集成实现全业务共享整体流程的闭环流转,消除流程信息化中的断点。

2. 聚焦数据,深化洞察

企业在信息系统集成设计过程中需要以数据架构为重点考量,加强系统间的数据集成和共享程度,做好主数据管理的规划,厘清各系统对于主数据的权限范围,并确保数据同步的时效性。同时,财务共享平台的报表体系与既有系统的报表体系应统一规划,以提高数据的利用率,从而为赋能业务提供有力支撑。

3. 聚焦系统演进

企业需要以一种长期演进的态度考虑财务共享平台的架构规划和设计,充分预估架构的灵活性和可扩展性,以兼容新旧系统。

4. 智能化引领

随着大模型、人工智能技术的普及,企业将自动化、智能化的技术融入财务共享平台及集成接口的设计中,以构建数字化、智能化的财务共享服务中心。例如,智能化的系统应用可以支持财务共享平台的智能作业,进而实现业务提质增效、内部预警(包括超标、敏感业务、一致性检查和符合性检查)和风险控制;智能问答能为员工提供智能化的常见问题咨询服务;自动化、RPA 等技术手段能替代人工操作,实现系统间信息化断点的自动衔接。

(二)智设计:API 开放与社会化集成一点接入

异构系统最大程度继承使用和新业务快速集成是财务共享平台实

施过程中常见的挑战。由于源头业务系统及版本众多，企业在建设过程中需要集中解决用户权限集成、表单集成、流程集成、数据集成、服务集成等核心问题。同时，企业也需要通过采用更便捷的外部商业数据集成方式及更便利的集成开发模式降低开发接入成本、运营成本和交付成本。

企业和软件厂商都在致力于应对系统便捷、全面集成的挑战。以用友商业创新平台（business innovation platform，BIP）为例，该平台基于数智底座构建，具备能力化、模块化及插件化的异构集成能力，实现了从设计、开发、测试、部署、监控到运维的集成接口一体化管理。此外，通过丰富的资产连接集成和可视化编排设计，该平台实现了即配即用的应用、数据和设备连接，从而大幅提高了集成效率，降低了集成性能损耗（图3-2）。

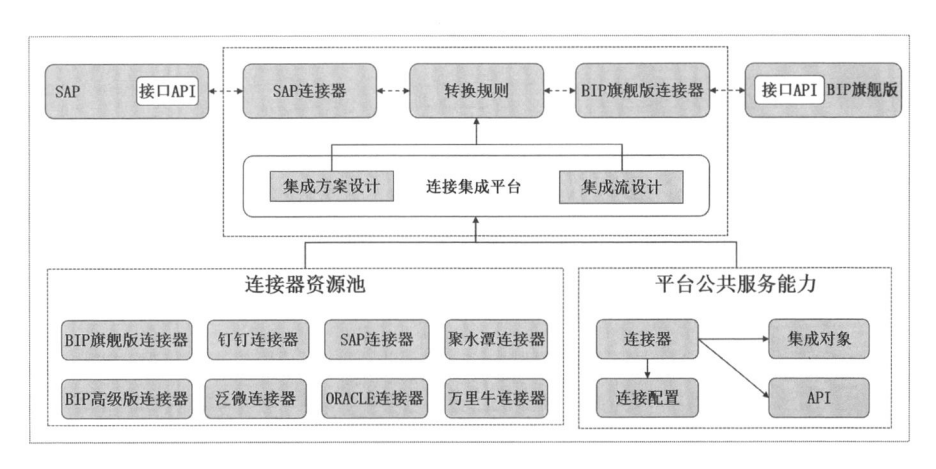

图3-2 连接集成资产一体化管理设计

（三）敏连接：低代码配置级平台即配即用

利用低代码平台进行的配置级集成开发已成为当前异构系统集成开发的最先进方式之一。这种方式通过两大功能的联合应用，使异构系统单据能够快速接入财务共享平台。第一个功能是基于低代码建模平台构建的自定义工单功能。企业通过该功能可以实现报账单据的可视化、快速且灵活的配置，作为财务共享平台接收和承载异构系统数据的载体。第二个功能是基于低代码建模平台打造的异构系统集成功能。该功能使得异构系统经过最小化的改造，就能迅速将其单据上的相关数据传递至财务共享平台，并转化为共享任务。

（四）强实践：用友 BIP 平台集成应用示例

下面我们以用友 BIP 平台为例，来说明企业如何快捷地进行财务共享平台的集成开发处理。

用友通过低代码建模技术构建了共享工单和集成平台（BIP 平台），实现了异构系统集成接口的高效开发，帮助企业实现了深度业财融合模式的财务共享平台建设。在实际集成应用中，BIP 平台可以提供两种集成模式：基于共享工单构建数据集成应用和基于异构对接单构建任务集成应用。

1. 基于共享工单构建数据集成应用

基于共享工单构建数据集成应用适用于业财一体化、数据集成要求高的应用场景，企业借助 BIP 平台的应用构建能力，通过创建连接配置、创建集成方案、配置映射规则、执行设置、数据同步任务五个步骤，可以实现数据集成，满足用户的个性化需求。

该模式通过共享工单功能的配置，显著提升了类 ERP 业务单据的设计和配置效率。具体而言，用户仅需拖拽组件元素进行布局，即可迅速构建出交互性强、高度定制化的组装页面。同时，用户还能够以该页面为载体，创建业务规则和业务流程，为多样化的业务或应用提供强有力的数据流转和工作执行支持。此外，该模式充分利用前后端脚本能力，不仅实现了前端 UI 控件的交互控制、数据计算加工、状态更新，还扩展了数据流转前后事件的处理功能。最为关键的是，该应用支持多终端运行和发布，确保同一业务在 PC 端和移动端都能顺畅执行，且执行情况可实时同步，为用户的业务处理提供了极大的便利性和灵活性。

2. 基于异构对接单构建任务集成应用

基于异构对接单所构建的任务集成应用内置了预置的注册业务系统和异构对接单功能,该功能可以使异构系统的通用审核类任务进入共享平台,实现共享作业审核。在打开任务单据进行审核时,原异构系统业务单据承载的数据保留在原异构系统中,不需要流转至财务共享系统,财务共享平台的共享作业处理结果反馈到异构系统对应单据(图 3-3)。通过这种方式,BIP 平台可以高效满足外部系统的快速集成需求。

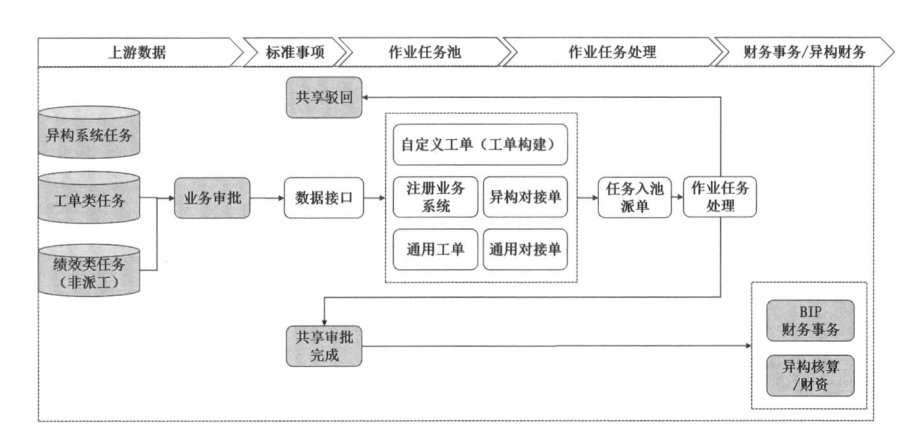

图 3-3 基于工单构建异构集成应用设计

三、小结

在企业数智化转型的浪潮中,财务领域成为关键的突破口,其中财务共享模式更是首选的切入点。集团企业通过搭建财务共享平台,并依托高效便捷的异构系统集成,成功实现了多业务系统与财务系统之间的高效协同。此举不仅解决了原有数据信息孤岛的问题,还极大地提升了数据的共享率和使用效率,夯实了深入挖掘数据资产价值的基础。

第五节 支撑数智提效的数字员工适配场景

机器人流程自动化(robotic process automation, RPA)是一种能够在计算机/手机等数字化界面完成重复性工作与任务的技术。它通过记录员工在电脑桌面上的操作行为,将业务处理规则和操作行为记录下来,模拟人的方式在电脑上自动执行一系列特定的工作流程。简而言之,RPA能够模拟人工操作,替代人工进行复制、粘贴、点击、输入、提交等动作,协助人类完成大量规则较为固定、重复性较高、附加值较低的日常事务性工作。RPA作为业务流程优化的利器之一,是企业构建财务共享平台时不可或缺的关键规划场景和建设内容。本节将深入剖析多个RPA典型应用场景的构建过程,旨在协助企业更好地梳理、开发与适配数字员工RPA在财务共享服务及财务领域的应用场景,从而进一步提升业务效率和自动化水平。

一、RPA为什么会成为实现业务流程自动化的首要选择

随着企业的发展,企业管理信息系统逐渐增多,但各个系统之间存在的壁垒导致了信息孤岛的产生。对于大型企业集团而言,重新开发系统或者进行集成接口改造不仅会产生巨大的成本,还涉及各个利益相关方的协调、沟通与规划等复杂工作。而随着人工智能技术的不断发展和普及,RPA应用程序的部署成本逐渐降低。通常,企业仅需花费一两个月的时间,就可以解决以前耗时许久的系统建设或自动化对接问题。这为企业提供了一个非常合适的商业选择。

二、RPA建设面临的六大问题及应对策略

为确保RPA的顺利实施并达到最佳效果,企业在RPA建设过程中

需警惕以下六大问题。

（一）场景复杂多变

1. 面临的问题

不是所有的业务流程都适合实施RPA，流程选择是RPA项目成功与否的决定性因素。流程选择得当，会加快开发速度，并使流程运行更稳定，用户体验更佳。然而，如果企业在前期流程选择上出现问题，那么在后续的梳理、开发、测试和上线过程中会遇到大量问题，最终导致使用效果不佳。在实践中，有些业务流程天然就不适合实施RPA，具体包括以下两类。

第一类：比较复杂的流程或场景。针对比较复杂的流程实施RPA规划将会产生高额的费用。企业如果在复杂场景下部署RPA，一方面会导致自动化成本增加，另一方面在短时间内可能不会有明显的回报，甚至可能部署失败，从而浪费人力、物力和精力。中低复杂程度的流程或子流程通常是RPA项目初期的最佳目标。企业应从价值最高或架构简单的部分流程开始，逐步推进，以提高业务流程的自动化程度。

第二类：经常变化的流程。RPA不适合被部署到经常变化的系统中去，频繁的升级或变更会导致RPA项目的维护难度直线上升。

2. 应对策略

RPA到底适用于什么场景？RPA在哪些场景能够发挥最大功效？

为了减少操作风险，在RPA设计之初，企业应尽量避免选择不稳定或易于变化的不良流程，而应选择那些相对标准化且稳定的场景，以确保自动化能够带来预期的效果。企业应选择触发频率高、操作逻辑简单且易于标准化、部署难度低、系统环境稳定的业务流程。目前，RPA使用场景主要集中在财务流程自动化上，因为财务流程涉及大量表单和系统操作，数据处理量大、规则明确，且存在大量人工重复工作，这些流程都非常适合使用RPA来完成。

（二）预期不合理

1. 面临的问题

企业可以对RPA有所期待，但切忌盲目相信RPA本身会带来巨大的投资回报,或认为仅仅将RPA与其他技术(如OCR技术)相结合就能轻易获得较高收益。

2. 应对策略

从技术角度来看,在需求明确且具体的前提下,许多流程实现自动化并不难。然而,企业在梳理和选择流程时,需仔细核定自动化的必要性和投入产出比,如果花费了时间、精力与成本却将RPA部署在一些并非亟需优化的流程上,或过度追求超级自动化,那么投资回报率(ROI)会较低,这将会使运营者对RPA的效用产生怀疑。

(三) 推进太传统

1. 面临的问题

企业如果采取过于工程化的软件实施方法来部署RPA项目,包括输出低价值的文档和划分过多的里程碑阶段,都可能会导致原本仅需一两周即可完成部署的RPA项目延长至几个月。

2. 应对策略

企业应依据自身实际情况,根据优先级简化实施方法,通过灵活渐进的方式整体规划并分阶段实施RPA项目,逐步提升业务流程的自动化程度。

(四) 主导不明确

1. 面临的问题

在项目建设初期,许多企业往往仅将RPA视作一个单纯的系统流程自动化项目,却忽视了其最终目的是将业务交付给虚拟数字员工进行处理这一关键环节。因此,在RPA项目的建设过程中,由于缺乏明确的业务需求者和主导者,需求导向不清晰,缺乏有力的牵头和主责人员来推动项目的进展。这种情况不仅会影响RPA的实施效果,还可能导致项目延期或失败。

2. 应对策略

企业在启动RPA项目时,应明确业务需求者和主导者,确保项目的顺利进行和最终的成功交付。一个成功的RPA项目通常应由业务团队主导,信息技术团队、人力资源以及相关职能部门协同紧密合作。

随着自动化需求的增加,RPA项目可以在组织内实现有效的规模扩展。企业可以通过建立一个专门的组织来负责工作流程评估、自动化管理,以及提供组织范围内的相应支持,从而推动RPA项目的长期成功。

(五) 优化不闭环

1. 面临的问题

RPA主要分为无人值守和有人值守两种类型,同时也有企业选择人机协同的方式运行RPA程序。企业无论选择哪种类型的RPA,都需根据业务需求的不断变化定期对其应用场景进行调整、完善与更新。然而,令人遗憾的是,不少企业采用传统信息化项目实施的方式进行RPA建设,在部署完成后便将其纳入常规运维模式,缺乏持续优化迭代的制度、规则和团队来确保RPA的持续维护和优化。这种做法不仅限制了RPA的效能发挥,也可能导致企业在面对新的业务挑战时无法快速响应。

2. 应对策略

企业应树立随需应变、持续优化的观念,建立持续优化迭代机制,确保RPA能够与时俱进。同时,企业应积极与RPA供应商或内部专业团队保持定期沟通与复盘,提出扩展、优化和持续完善的方案,并推动这些方案有效落地。通过一系列的努力,企业可以最大化RPA的使用效益,实现业务流程自动化的持续优化与提升。

(六) 技术不重视

1. 面临的问题

在RPA实施的过程中,企业往往面临一系列挑战。RPA不是一个简单的IT开发项目,随着企业管理的不断深化,企业需要一个先进的技术平台来支撑RPA的持续优化和迭代,以满足业务发展的多元化需求。然而,选择适合企业环境、功能强大、技术先进、方案成熟、性能稳定可靠、系统安全的技术平台并非易事。此外,RPA项目还需要良好的实施规范作为支撑,以确保业务方案和技术架构在整个项目中的重要性得到充分体现,以及项目在合理的规划和管控下有序推进。

2. 应对策略

为应对上述挑战,企业应采取以下策略:

首先,企业在选择RPA项目的技术平台时,应充分考虑平台的兼容性、功能丰富性、技术先进性、方案成熟度、性能稳定性以及系统安全性等因素。一个优秀的技术平台能够加速项目实施过程,降低项目成本,提高实施效果。以用友智友RPA产品架构为例,它提供了成熟的技术方案和稳定可靠的性能,同时注重安全性的设计,能够帮助企业应对上述挑战。

其次,企业应建立良好的实施规范,确保业务方案和技术架构在整个项目中的核心作用得到充分发挥。科学的方法论和严谨的项目管理可以确保RPA项目在合理的规划和严格的管控下有序推进。

三、RPA经典应用场景透视

RPA作为超自动化的利器,能够助力企业快速实现数字化转型,打通各个系统之间的壁垒,自动完成重复且业务量大的工作,从而实现降本增效。

(一)客商主数据维护机器人

1. 需求背景

在企业实际经营中,签订合同后,销售方或采购方通常要提供相关的开票信息和收款账户信息,如合同截图、发票截图或企业信用代码证图片等。企业需依据这些图片上的信息,在财务系统中建立并维护客户档案或供应商档案(简称客商档案)。客商档案涉及的信息要素众多,对档案主数据的信息数据质量要求很高,而且这些信息涉及相关的账务、交易等关键业务流程,是风控管理的重要环节。

2. 解决方案

基于企业对客商档案信息的管理需求,并鉴于客商档案信息需要外部采集的现状,企业可以引入客商主数据维护机器人。该机器人可以利用 OCR 技术自动识别企业营业执照或发票截图,并将图片中的信息转化为系统内的结构化数据,自动提取并填写客商名称、分类、税号等关键信息。随后,根据预设规则,该机器人会智能地调用企业工商信息/身份证实名认证 API,并对提取的信息进行自动审核。若审核通过,客商信息将自动生成;若审核未通过,相关预警信息则自动推送至录入人员,以便他们及时进行异常处理。具体场景设计见图 3-4。

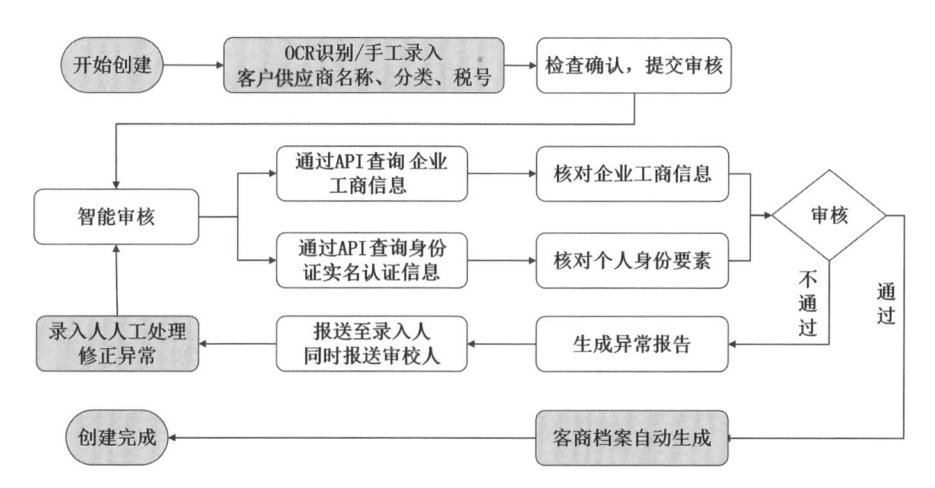

图 3-4 客商主数据维护机器人场景设计

3. 应用价值

企业通过客商主数据维护机器人进行客商主数据管理,可实现如下管理效果。

(1) 减少人工作业,释放劳动力。

(2) 智能审核能大幅降低错误率,降低沟通成本,提高审核效率和审核质量。

(3) 24 小时不间断智能化服务。

(4) 降低内控风险。

（二）发票勾选机器人

1. 需求背景

在日常工作中，当企业面临大量发票需要处理时，若采用人工逐张勾选与核对的方式不仅耗时耗力，导致日常工作量显著增加，影响工作效率，还容易引发错误，带来税务风险。

2. 解决方案

针对上述问题，企业可以通过引入发票勾选机器人实现发票图片的自动结构化数据提取。发票勾选机器人能够在勾选平台上自动下载待勾选的发票信息，并与通过 OCR 技术识别得到的发票数据进行精确匹配。完成匹配后，发票勾选机器人能够批量上传并自动完成发票勾选操作。具体场景设计见图 3-5。

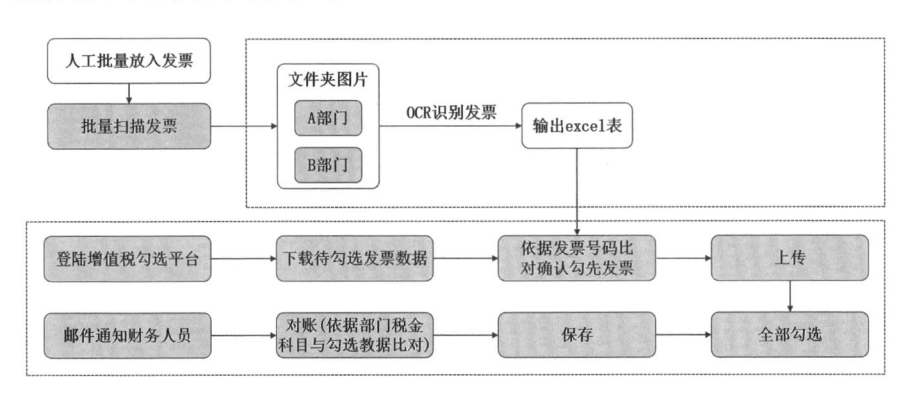

图 3-5　发票勾选机器人场景设计

3. 应用价值

企业通过发票勾选机器人进行大量发票自动化匹配和勾选，可实现如下管理效果。

（1）减少人工作业，释放劳动力。

（2）正确率提高，节约大量时间，实现全流程自动化。

（3）24 小时不间断智能化服务。

（4）降低内控风险。

（三）银企对账机器人

1. 需求背景

企业日常银行对账业务的核心需求主要包括以下三点。

(1) 需要处理多单位、多银行、多账户的重复操作,这通常意味着财务人员需要频繁登陆不同的网银系统,下载多种银行流水数据,过程烦琐且耗时。

(2) 对账周期短,工作量大,尤其是在对账期间,财务人员常常需要加班加点,才能完成对账任务。

(3) 人工对账存在疏漏风险,由于数据量庞大且细节烦琐,人工操作难免会出现错误或遗漏,从而给企业带来潜在的财务风险。

为了满足这些核心需求,企业需要寻求更高效、更准确的银行对账解决方案,以减轻财务人员的负担,降低财务风险。

2. 解决方案

针对上述问题,企业可以通过银行流水下载机器人自动登录网银下载银行流水,并将其放置到统一文件目录中,通过资金数据采集机器人自动查询并导出企业账信息,最后由银企对账机器人完成银行流水与企业账核对。若对账过程中出现异常情况,银企对账机器人将自动通知人工介入处理。具体场景设计见图 3-6。

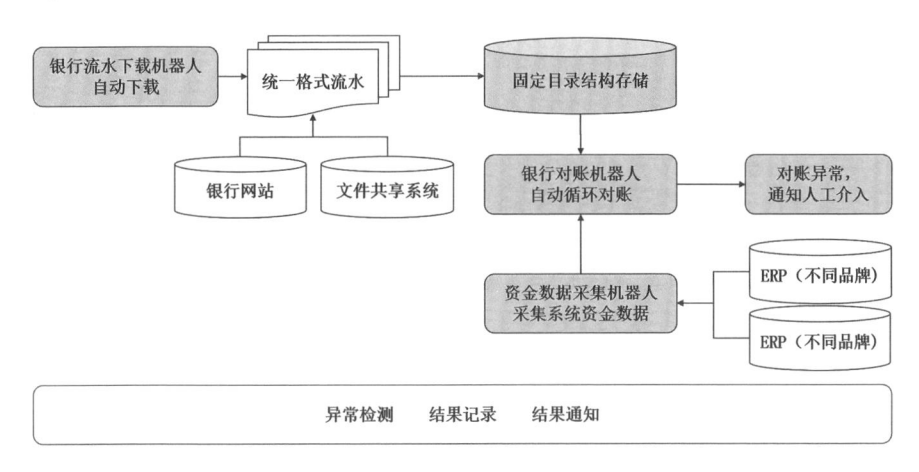

图 3-6 银企对账机器人场景设计

3. 应用价值

银企对账机器人可实现如下四方面的管理效果。

（1）减少人工作业，释放劳动力。

（2）解决单据繁多、单单匹配难的问题和跟踪表不准确的问题。

（3）延伸资金管理范围。

（4）实现资金全面性管理。

四、小结

RPA 已成为推动企业智能化管理的关键应用。企业需秉持随需应变、持续优化的理念，积极收集业务人员与 IT 人员在 RPA 运行过程中的反馈，并据此不断优化与解决相关问题，确保 RPA 方案能够更紧密地贴合业务发展需求，发挥其最大价值。在全球数字化转型加速推进以及 AIGC（artificial intelligence generated content，利用人工智能技术来生成内容）能力日益普及的背景下，传统 RPA 正面临着更高的自动化需求。通过深度结合 AIGC 与 RPA，企业可以有效拓展 RPA 的能力边界，为 RPA 赛道注入新的活力。这不仅有助于更广泛地优化财务流程，还能显著提高业务处理效率和质量，推动企业向智能化、高效化迈进。

第六节 财务共享服务中心提供数据服务的有效措施及方法

中国企业一直在探索符合国情的财务共享模式。近年来，财务共享服务中心也被不断赋予新的使命，包括业财融合中心、会计处理中心、资金支付中心、风险预警中心、人才培养中心、政策研究中心等。随着企业数字化转型的深入推进，如何提供更优质的数据服务以辅助企业财务经营决策、风险控制,已成为财务共享服务中心建设的热门话题。

在财务共享服务中心的建设过程中,企业和实施厂商主要聚焦于组织、人员、流程等关键事项,但在业务实践中,人们考虑的是财务共享的具体流程,却对财务共享服务中心提供数据服务的方式和内容缺乏有效的考量和合理规划。因此,尽管财务共享服务中心在业务处理过程中会积累大量的业财数据,但这些业财数据的颗粒度与内部报表、对外披露、全面预算、管理报告、生产经营活动分析等需求却难以有效匹配。这种情况使得财务共享服务中心所沉淀的业财数据出现了"不好用"甚至"不能用"的困境。为了提升数据利用水平,企业不得不在运营阶段增加或修改财务共享服务中心业务单据的字段,或者通过建立数据中台对业财数据进行二次加工,以满足数据使用的实际需求。

本节将结合众多企业的生产经营分析、风险管控、管理会计报告等诸多需求,基于对业财数据的深入思考,对财务共享服务中心应如何提供以及提供哪些数据服务进行阐述,以期帮助那些即将或正在建设财务共享服务中心的企业同步做好数据服务规划及实施。

一、财务共享服务中心数据服务的常见问题及规避措施

(一)支持核算提效面临的问题及解决措施

1. 面临的问题

很多企业在建设财务共享服务中心时,并未意识到该中心能够通过接入的订单、出入库等前端各类业务信息协助企业进行多口径的复杂核算,也未能通过该中心提供的数据服务更加高效、迅速地完成合并报表及管理报告等文档的编制,进而错失了借助财务共享服务中心实现更多从财务核算到管理会计的深度数据应用的机会。

2. 解决措施

财务共享平台作为工具能够打通业财单据,实现业务、财务、税务、资金、预算之间的实时、顺畅连接。在此过程中,业财数据得以沉淀,形

成业财数据库。许多高效运营的财务共享服务中心,通过业财数据库提供的数据服务,可以便捷地实现与核算提效相关的应用。

核心应用 1:多维核算。财务共享服务中心能够利用数据分发功能,对大批量销售订单、物资出库及其他经济业务,按照财务口径进行业务类型、用途等方式的区分与同类项的合并,自动生成汇总凭证等多维核算类业务。通过一套同源数据,财务共享服务中心能够生成产权、管理等多口径的财务核算数据。

核心应用 2:报表出具。在企业集团进行会计报表合并业务时,财务共享服务中心能够实现单据级的内部交易合并、抵消匹配等财务报表类业务,同时还能支持对上级集团、外部相关方和内部经营机构出具企业报表和报告等财务分析类业务。

核心应用 3:审单辅助。在业财融合模式下,应收、应付等相应的业务单据由相关业务人员发起,经领导审批后,交由财务人员在财务共享服务中心进行财务审核。在此过程中,财务人员可以借助财务共享服务中心接入的业务信息形成的合同累积信息、业务台账、业务单据,对共享单据的经济事项进行财务口径的合规检查,以满足财务端业务处理的要求。

(二)支撑风险防控面临的问题及解决措施

1. 面临的问题

通过财务共享平台进行事前、事中控制,已成为各企业建设财务共享服务中心的共识。然而,大多数企业仍然主要依赖预算、标准等传统方式进行相对简单的超预算和超标控制,尚未考虑与风险管理体系的结合应用。

2. 解决措施

在维持预算和标准相对固定的控制框架内,企业应加强风险管理体系建设,以业务为起点,业务和财务同步执行财务经营风险控制,从而扩展内部控制与应对动态风险的能力(图 3-7)。

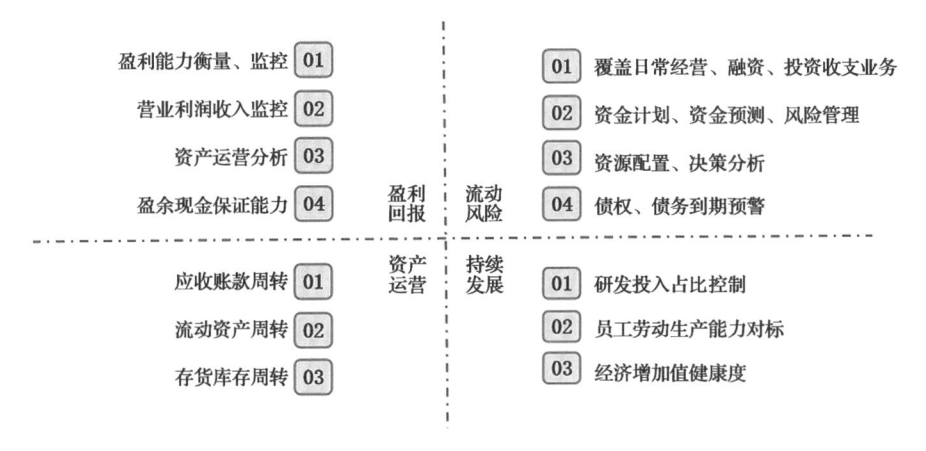

```
盈利能力衡量、监控  01                    01  覆盖日常经营、融资、投资收支业务
营业利润收入监控    02                    02  资金计划、资金预测、风险管理
资产运营分析       03    盈利 | 流动      03  资源配置、决策分析
盈余现金保证能力    04    回报 | 风险      04  债权、债务到期预警

                         ─────┼─────
应收账款周转       01    资产 | 持续      01  研发投入占比控制
流动资产周转       02    运营 | 发展      02  员工劳动生产能力对标
存货库存周转       03                    03  经济增加值健康度
```

图3-7 业务和财务同步执行财务经营风险控制

风险管理体系涵盖了风险识别、评估、分析、控制和监控等关键环节。企业通过加强风险管理体系建设，以及对财务共享平台的控制规则和功能进行完善和优化，可以达到动态智能的控制效果。例如，通过将预算指标、安全阈值、经营合规规则等内控要素融入财务共享流程，并与业财数据库紧密结合，财务共享平台能够在流程流转的各个环节动态地发起指标阈值与动态更新的业财数据对比，迅速识别风险，对风险的性质、来源、潜在影响以及触发条件进行细致深入的分析，并进行及时的预警提示或触发控制规则自动执行，从而助力企业实现事前预防、事中干预的风险管理闭环控制，确保业务的稳健运行。

风险闭环管理在财务共享业务流程的各个环节可以发挥指标提供、阈值预警、预算红线的作用。

（1）指标提供。依据国资委的高质量发展指标体系，我们可以从盈利回报、资产运营、流动风险及持续发展四大维度对企业的经营管理情况进行评价，并且这些维度可进一步细化为一系列具体指标，如净资产收益率、应收账款周转率、资产负债率、全员劳动生产率等。为此，在业务运营过程中，财务共享服务中心将汇集所有与业务运行相关的业务和财务数据，运用相关指标模型计算出企业收、支、利、产、供、销方面的实际指标值，通过比率组合形成相对指标，为企业风险管理体系的有效执行提供坚实的数据支撑。

（2）阈值预警。风险管理体系可以将指标设定的安全范围推送给财务共享服务中心，用作经济业务过程中的安全阀控制。例如，一般情况下，企业的资产负债率在65%以下较为安全。在进行资产性投资业务的投资款付款申请时，财务共享服务中心可以设置资产负债率不大于65%的预警阈值，在智能审单过程中系统会调用历史数据和本次申请数据并进行动态计算，以判断该笔申请是否超过预警阈值，并给予审单人员预警提示。

（3）预算红线。财务共享服务中心可以接收全面预算、资金计划等控制系统的相关指标数据，在业务单据发起、流转过程中进行实时红线控制，并将最终闭环数据传递给全面预算及资金系统，以支撑相关系统的闭环控制管理。

（三）辅助决策支持面临的问题及解决措施

1. 面临的问题

不少企业在建设财务共享服务中心后，仅提供了手机端、PC端、大屏端的商业智能展示，便认为这已经是财务共享服务中心为决策支持提供了数据服务。然而，各级管理者往往并不认同这种方式，他们认为虽然展示界面做得十分炫目，但却华而不实。

2. 解决措施

企业若想体系化地做好决策支持，将数据服务落到实处，应在以下三方面发力。

（1）事前算赢。财务共享服务中心将实际发生的数据推送至全面预算系统，围绕企业战略进行资源的合理配置，从而强化战略的落地执行，帮助企业构建"目标—计划—预算—控制—评价"的管理闭环，实现"事前算赢"。

（2）事内知情。财务共享服务中心作为桥梁，消除了企业各系统间的信息壁垒,依托沉淀的业财大数据进行多维度的分析和评价,对产品、研发、投资等业务从全周期视角进行过程管控,确保"事内知情"。

(3) 事后真赢。通过建模与数据加工,我们将财务共享服务中心的业务和财务信息整合成全面的生产经营大数据。这些数据不仅能从目标达成、运营效率、投资回报等多个维度精准评估业务健康度,还能将财务管理中揭示的业务风险信息及时推送至业务部门,协助业务部门有效预防经营风险。这一举措使各级管理者能够随时随地洞察业务动态,真正实现"事后真赢"的目标。

(四) 提供数据服务面临的问题及解决措施

1. 面临的问题

不少企业在建设财务共享服务中心时,未能充分考虑该中心能够提供怎样的有效数据服务。因此,财务共享服务中心在建设完成后,企业发现该中心所沉淀的数据与预算口径无法对应,数据的颗粒度也无法满足业务分析要求。这种情况往往导致大量的返工修补工作。

2. 解决措施

一般情况下,企业在建设财务共享服务中心之初,在确立其作为数据服务源提供数据服务的职能后,应以终为始,充分考虑并全面规划,在各个流程场景中进行数据埋点设计。具体而言,企业需要从以下三个方面开展工作。

1) 设计业务逻辑

在财务共享业务穿行阶段,实施厂商通常会对从销售到回款、从采购到付款、从存货到成本、从差旅到费用等标准业务场景进行穿行测试,但往往较少关注企业内部产业链大流程的穿行测试以及跨会计主体的经济业务分析展现。

因此,在财务共享业务单据设计过程中,我们需要增加并强化产业链和内部交易等专项业务的企业级大流程穿行测试,同时要求企业内部上下游部门同期参与访谈。如此一来,在共享运营阶段,财务审核人员不仅能够进行单据的业务追溯，还能确保业务单据的跨组织协同，并在业务完成闭环后形成跨组织关联的业财大数据。

2）承接业务数据

在财务共享服务中心建设阶段，我们必须充分考虑表单的风险控制和预算控制。在建设阶段，许多企业通常从资金计划和费用预算入手，并逐步扩展到产供销等业务预算控制。然而，在共享报账表单设计的初期，企业往往容易忽视后续的管控需求。例如，某大型企业集团完成了财务共享服务中心建设后，在推行全面预算时发现预算管理系统向财务共享平台推送的资金计划和费用预算指标在组织口径、业务颗粒度等方面存在很大差异，企业集团无法实现有效的资金计划和费用预算控制，最终不得不通过大范围修改共享报账表单、适当放宽预算颗粒度等措施来协调各细分板块的需求。

因此，在财务共享服务中心建设之初，表单设计应更具前瞻性，充分考虑承接预算、资金、业务的控制要求。这主要涉及组织口径（如法人组织、产权组织、预算组织、业务组织的映射对照）、事项口径（确保经济事项在财务共享平台、预算系统、业务系统中的一致性，以及跨组织的同一经济事项的关联映射）、业务颗粒度（在共享报账表单中适度预留辅助项目、经济类型等通用字段，并适当拆分经济领域、业务类型等具有组合信息的业务字段）等方面的设计。我们通过精心设计业务穿行问卷和组织调研，可以做好财务共享服务中心承接预算、生产、经营、资金等相关系统业财数据的高阶设计和详细设计，以确保财务共享服务中心能够满足企业的长期管控需求。

3）输出业财数据

在财务共享服务中心的建设阶段，企业虽然也进行了与数据服务相关的业务穿行测试，但力度和范围尚显不足。企业需要将关注点从传统的财务分析扩展到与生产经营紧密相关的业务分析穿行测试，尽管这是财务共享平台咨询顾问普遍存在的短板，也是很多软件厂商不愿涉足的领域,但财务共享平台与生产经营的衔接却是企业领导者最为关注的财务共享建设内容之一。

企业在进行财务共享服务中心建设时,即使计划将业财数据中心的建设放在项目二期,也需要在项目一期的设计方案中前瞻性地纳入业财数据中心的初步规划。此举旨在确保未来扩展建设业财数据中心时,企业无需对一期建设的内容进行大量的改造,从而确保项目整体的高效推进和成本优化。在设计业财数据中心方案时,设计者应深入了解各级管理者关注的生产经营数据指标,同时根据现有信息系统所能提供的数据颗粒度与管理层就数据分析的详细程度达成共识。在管理成本可控的范围内,设计者应参考预算管理、成本管理及管理报告等数据应用领域的业财数据颗粒度标准,对财务共享平台的表单设计进行细化,包括表头和表体的字段,并预留更多的备用字段。此外,设计者还需按照不同的主题或更为细致的业务事项来规划业财数据库结构,以满足业财数据的应用需求。

此外,如果企业在当前或未来计划建设数据中台,则需要明确财务共享服务中心的业财数据中心的定位。通常情况下,业财数据中心是数据中台重要数据的来源之一,或者业财数据中心可以直接通过数据中台来承载数据。这样的布局有助于企业更有效地整合和利用数据资源,进而为企业的决策提供有力支持。

二、财务共享服务中心提供有效数据服务的新方法

在大多数情况下,企业在财务共享服务中心设计阶段尚未规划业财数据服务内容,或对数据服务的需求不够明确,因此很难在财务共享服务中心建设之初就清晰地将数据服务要求融入场景、流程、表单、字段的设计中。那么,是否存在一些理论、方法或工具,可以在财务共享服务中心的建设阶段协助企业构建坚实的数据服务基础框架,从而实现对业财数据的实时、精细、多维积累与管理,满足企业深度数据应用的

需求呢？答案是肯定的。随着数智化技术在财务管理领域的广泛应用，已有五十余年发展历程的事项法会计理论被深度融入企业财务数字化实践中，催生了以事项法会计理论为基石的财务中台。这一财务中台充分满足了企业在业务发生、实时监控以及偏差分析时对精细、多维、实时数据加工与展现的迫切需求，助力企业实现实时"洞察业务、优化业务"的管理目标。

企业在建设财务共享服务中心时，可以引入财务中台，将其作为财务经营管理的数据底座，在前端业务、中端财务、后端运营管理之间搭建一座桥梁。这一架构具有诸多优势：其初始建设架构成型后无需后续改造；财务共享服务中心自建成起即可积累实时、精细、多维的财经数据资产；数据维度可扩充，灵活支撑业务分析；一笔经济业务可实现业财管核算同源分流使用，并可实现从财务到业务全链追溯经济事项。

事项会计中台架构模型如图3-8所示，其三层架构（业务事项、会计事务和事项分录）模型为企业提供了一个清晰、高效的数据服务框架，有助于提升财务共享服务中心的数据处理能力和业务分析能力。首先，它通过业务事项功能对业务事件进行标准化定义，并接入和存储来自前端业务系统的全量业务信息；其次，它利用转换规则将业务信息转换为不同核算目的的会计事务，如对外法人核算的法人核算会计事务、基于管理会计核算的责任会计事务以及基于纳税申报的税务会计事务等；最后，这些全量业务信息和多目的会计事务信息被存储到事项分录中，形成全量、高质量、多维度的业财数据，从而有效提升了财务共享服务中心的数据处理能力和数据分析能力。

三、财务共享服务中心的数据服务案例

以某大型投资建设集团 T 集团为例，T 集团资产总额超过 1 200 亿元，主营业务为开展基础设施的投资建设及后期运营。T 集团在 2021 年

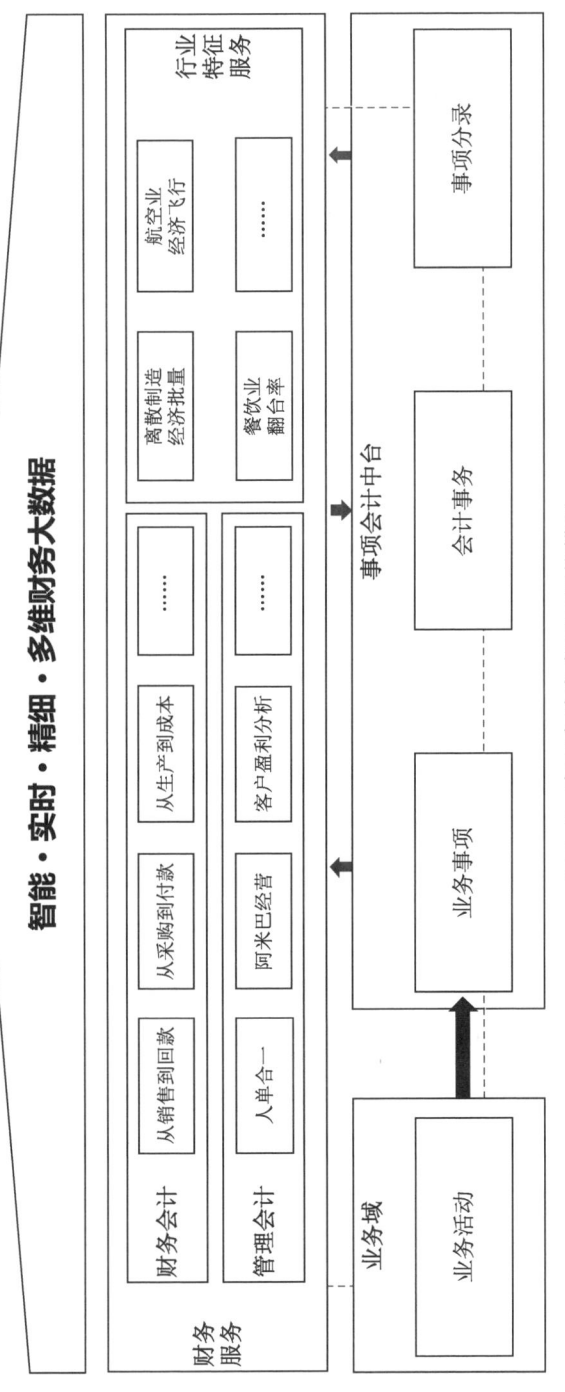

图 3-8 事项会计中台三层架构模型

年底进行财务共享服务中心建设时,希望通过财务共享模式推动业财融合,通过"流程"与"数据"双驱动构建数字企业、数智运营的大系统。

为防止因考虑不周而带来的后期问题(如对表单进行大幅度调整、改变),T集团进行了通盘考量,规划了财务共享平台需要对接的业务系统、需要实现的核算提效内容、业务控制重点以及对经营考核的支撑。此外,经过论证,T集团在业务系统和财务共享平台之间引入了事项会计中台。事项会计中台全量承载来自各类业务系统的业务信息,通过事项转换规则将业务事项转换为不同核算目的的会计事务,从而方便企业在全流程、全视角上对投资项目进行把控。当业务形态或财务管理体系发生变动时,事项会计中台凭借其基于规则的灵活配置和转换能力,能够在不对前端业务系统及流程进行大规模改动的前提下,迅速响应并适应这些变化,从而满足数据在多种应用场景下的不同需求。

从财务会计视角来看,事项会计中台打通了项目管理核心 ERP 系统、合同系统与财务核算系统,自动计算合同收入与负债,以支撑基础财务核算业务。

从阿米巴核算视角来看,基于精细化管理目的,事项会计中台负责收集相关项目信息,包括项目周期、阶段、投资金额等,以实现项目的独立核算。

从经营管理视角来看,T集团实现了从投资测算、规划建设、金融服务、建设承包、供应采购、税务服务、商旅服务、项目运营到信息科技的全面融合,形成了融投建管营一体化的项目全生命周期管理。

四、小结

为了充分发挥财务共享服务中心的数据服务作用,企业务必扎实地推进数字化整体规划,并借助科学的方法论和实用工具,确保财务共享服务中心的数据服务得以稳健、高效地实施与运营。

第四章

持续运营期的卓越运营体系建设

第一节　财务共享服务中心的服务管理

大量财务共享服务中心在建设初期都会遇到相似的困扰和抱怨。自从财务共享服务中心成立以来，本地业务和财务部门纷纷对共享团队或管理层表达不满和意见。同时，财务共享服务中心也倍感委屈。这些矛盾的焦点主要集中在以下不同视角的几个方面。

本地财务部门认为，新设计的财务共享流程增加了共享审核，导致单据大量被驳回，工作效率并未提高，同时也不清楚彼此之间的分工和审核界限到底是如何界定的。

本地业务部门认为，以往有报销事项可以直接找本地财务部门当面审核，有问题能够及时解决，不会出现反复修改的情况，现在政策制度变化还需要咨询财务共享服务中心，效率极低，根本感受不到共享服务的及时和便利。

财务共享服务中心的员工认为，他们每天需要处理大量的单据，在审核作业中发现的不符合标准要求的单据不得不驳回；业务提单人员不主动学习业务手册，还需要共享作业人员反复解释和指导，工作量剧增；电话、邮件、微信等各个渠道的咨询应接不暇，但即便如此，还是会被投诉，员工们感觉身心疲惫。

在财务共享服务中心的运营过程中，以上所述的问题只是矛盾表现的一部分。您是否也有类似的感受呢？在财务共享服务中心的管理过程中，投诉不断、得不到认同、价值被忽视、内耗严重、效率低下等问题频发,这些问题都指向一个共同的方向,即财务共享服务中心的服务管理不到位。因此,本节将深入分析财务共享服务中心服务管理的定义和目标,寻找建立良性循环服务管理的方法,分析制定服务水平协议的重要影响因素,以便更好地解决这些问题。

一、财务共享服务中心服务管理的定义和目标

财务共享服务中心的服务管理是一种全面、系统、科学的管理方式,它通过制定并执行一系列的标准、流程和制度来管理和控制财务共享服务中心的各项业务,旨在确保服务的质量和效率。财务共享服务中心的服务管理是保证其服务质量和效率的关键因素,它涵盖多个方面,包括服务质量标准的制定、流程规范化、质量监控机制的建立、绩效评估体系的完善、员工的培训与发展以及内部审核和外部审计等。这些措施能够有效地提升财务共享服务中心的服务质量和效率,从而推动企业的持续发展。

基于财务共享服务中心服务管理的定义和目标,我们可以清晰地认识到,财务共享服务中心通过做好服务管理可以有效地解决各种矛盾和问题。

二、建立良性循环服务管理机制的方法

在服务管理机制方面,我们需要关注全过程管理,这涵盖事前、事中和事后三个阶段。然而,当前许多财务共享服务中心往往过于聚焦事中服务管理,却忽视了事前服务管理的约定。事前服务管理的约定对于管理内部客户的期望值具有不可忽视的重要意义。财务共享服务中心作为财务管理变革的关键环节,不仅要承担交易处理的服务性角色,还需坚定执行战略财务在合规管控层面的要求,同时要确保财务信息的质量。因此,我们需要在确保合理的时效性和准确性的基础上,圆满完成"服务"任务和"管控执行"任务。这既涉及业务单位对财务共享

服务中心的约定,也包含财务共享服务中心对业务单位的要求。如果双方在认知层面上未能达成一致,将会导致事中服务管理阶段的服务效率和质量无法满足预期。

(一) 框定范围,厘清界限

1. 明确共享服务的范围和标准

财务共享服务中心的服务范围应尽可能清晰明确,同时需充分考虑业务的特殊场景,以确保服务标准的合理性和适用性。

2. 明确服务双方的职责界面和权责关系

具体而言,财务共享服务中心应明确在服务过程中所承担的具体职责和义务,以及内部客户在接受服务过程中所需承担的责任和义务。明确双方的职责界面和权责关系,有助于避免服务过程中出现混淆和误解,从而确保服务的顺利进行。

3. 确保边界清晰

企业需明确财务共享服务中心与内部客户之间的职责边界,清晰定义决策者和执行者,以避免出现财务共享服务中心职责重叠或遗漏的情况,在必要时可设计紧急情况的事件升级通道。同时,企业内部各岗位之间的职责边界也需清晰明确,以保证服务的高效运转。

4. 明确共享服务的工作范围及服务内容

企业财务共享服务中心应详细列出所提供的各项服务内容及其相应的操作规范、审核标准等。此外,还需根据业务需求和市场变化及时调整和拓展服务范围及内容,以确保服务的针对性和有效性。

5. 制定服务标准

为了确保财务共享服务中心的服务质量,企业需要制定一系列明确的服务质量标准。这些标准应当涵盖服务响应速度、核算准确性、问题解决能力以及服务人员的专业水平等多个方面,以便全方位地满足客户的需求(表4-1)。同时,为了保障这些标准的有效执行,企业还应建立相应的监督和评估机制,对服务质量进行全面且系统的监控和评估。这将有助于确保财务共享服务中心的服务始终保持在行业领先水平,从而为客户提供卓越的服务体验。

表 4-1 服务标准参考示例

服务内容	关键绩效指标	服务标准	免责事项
收款核销单据处理	业务处理周期	从系统单据流转至共享服务中心,到完成会计核算处理,共×天	客户公司本地业务、财务应按照要求提交相关资料和支持性单据,因单据问题导致工单退回或挂起而引起的单据处理延迟将不在正常服务水平考虑范围内

(二) 监控过程,保障服务

为了确保财务共享服务中心的服务质量,企业应当建立一套完整的服务流程,该流程应涵盖服务提供、服务监控以及服务改进等环节。在服务提供过程中,明确各岗位的职责和权限是至关重要的,这有助于确保服务流程的顺利进行。此外,建立服务流程的监控机制,以便及时发现并解决服务流程中存在的问题,也是不可或缺的。通过这些措施,我们能够不断提升财务共享服务中心的服务水平,确保为客户提供高效、优质的服务。

1. 服务通道保障

有些财务共享服务中心在服务通道上存在设计方法的不足,例如,服务通道过于单一或缺乏统一管理,有些财务共享服务中心仅采用电话咨询或在线客服进行沟通,这种单一的服务通道可能会导致通道堵塞、响应不及时等问题;而缺乏统一管理则可能导致信息分散,同样会影响到响应速度。这些问题都会影响客户的满意度和工作效率。

为了满足不同客户场景的诉求,提高响应效率,提升服务便利性,财务共享服务中心的服务通道不应仅限于电话、邮件、在线客服、工单等形式,应采用统一的平台进行服务管理,并探索智能客服工具的支持,以实现对服务流程的全面监控和管理。

以某大型财务共享服务中心为例,该中心实现了全业务共享,服务的业务板块包括地产、物业、酒店、餐饮、新能源等多种业态,涉及的公司众多,共享服务的客户应答对象超过10万人,客服面临的问题繁杂且服务量巨大。因此,该中心采用了单入口多通道服务窗口的方式来解决客服难题,通过将服务通道的快捷链接嵌入各个流程环节,从而精确锁定客户的问题范围,用户可以在不同场景下操作或按需提出服务请求。此外,该中心还结合人工智能技术,为用户提供更加高效、便捷的服务。

该中心的服务通道分为三个层次。

第一层服务通道主要针对系统场景和流程节点中的疑问点,提供人工智能的答疑和指引指导。经过对大量问题的沉淀与分析,该中心发现操作型问题较为突出,频次高且数量大。通过智能工具辅助,财务共享服务中心能有效地将问题引流分解并快速解答,从而避免了标准问题的人工耗费。这一层服务通道主要解决系统操作指引、报销标准指引、常见问题解答等问题。

第二层服务通道主要解决第一层服务通道无法解答的问题,这些问题通常与业务和管理密切相关,场景复杂或需要综合判断才能满足客户需求。在这一层,用户需要完成业务类型、问题描述、紧急程度等关键字段的填写,以便客服平台进行问题分流判定。随后,问题工单会被推送到相关客服小组进行解答。客服平台会全程跟踪问题解答的进度,确保问题得到及时解决。

第三层服务通道主要处理特殊非标业务。这一层为专项问题解决小组,涉及非标业务、风险业务等问题,需要财务、法务、税务等业务专家合力进行处理。专家团队的协作能够确保复杂问题得到专业、准确的解答。

财务共享服务中心通过现场客服、电话客服、在线客服、邮件客服等多种沟通服务渠道,为客户提供多样且便利的问题沟通平台。结合多层次问题分解机制,该中心不仅能够保障服务质量和效率,还能大大降低共享客服的服务压力。这种服务模式有助于提升客户满意度,促进财务共享服务中心的持续发展。

2. 服务过程可控

在服务过程中，确保服务质量是至关重要的。为了达到这一目标，我们需要关注以下两个方面。

（1）服务流程保障：制度和系统"双管齐下"，以客服工单为服务载体，通过客服工单形式进行问题受理、问题解答、问题反馈以及后续问题分析。系统根据分类自动派单，并记录后续工单处理时效和质量，以提供考核依据。这样就能从服务流程上有效实现对时效和质量的控制。

由于客服工单能以统一的格式记录和跟踪客户问题和需求，这种记录方式便于客服代表或其他团队成员查看与了解问题的背景和状态，从而确保了每个问题都能得到妥善处理。同时，工单详细记录了问题的描述，使得客服代表能够更快速地定位，减少沟通成本。

（2）强化人员培训：客服在财务共享组织中常面临工作压力大、职业发展受限等问题，因此，企业为了提升财务共享客服的专业度，需要从培养共享客服能力方面着手，加强激励机制并拓宽职业发展通道。

首先，应建立培训专家资源库，包括内部专家和外部专业人士。内部专家可以是财务部门的资深员工或具有丰富客户服务经验的人员，外部专业人士则可以是行业专家或培训机构的专业讲师。按照培训计划和师资库，实施客服人员的培训。在培训过程中，要注重实践和互动，定期对客服人员的培训效果进行评估和反馈，了解他们在工作中遇到的问题和不足，以便及时调整和改进培训计划和内容，提升客服人员的专业知识和业务技能。

其次，企业应为共享客服建立内部和外部的职业发展通道。例如，内部可以从一般业务客服向专家客服发展；外部则从共享客服中择优选拔，向各业务条线专家及管理岗输送。通过不断积累经验，提升问题识别、沟通处理等方面的能力，共享客服能够快速提升专业能力和服务能力，从而提升客户对财务共享服务的满意度。

3. 服务结果评价

1）服务满意度评价

为了确保服务满意度，我们需要在事中和事后进行评价。事中满意度评价应基于客服工单，在每个工单服务完成后立即进行满意度评价，并细分得分原因，以便后续分析、跟踪和考核。事后，我们可以定期或不定期地进行满意度回访，向业务单位领导、业务人员以及业财关键用户收集反馈问卷，以便持续改进服务质量和提升满意度。

2）建立奖惩机制

在财务共享服务中心的客服服务管理中，建立奖惩机制能够有效地激励员工提高服务质量和工作效率，同时约束不规范的行为。

首先，财务共享服务中心需要建立科学的考核机制和奖惩机制，以便全面、客观、公正地评估客服人员在工作质量、工作效率以及客户满意度等方面的表现。其次，财务共享服务中心需要明确奖励落实的方式。例如，物质奖励（如加薪、奖金、福利等）可以根据个人服务满意度的不同阶梯来制定奖励等级；非物质奖励（如晋升机会、培训机会、表彰和荣誉等）同样可以作为有效的激励手段。最后，针对满意度低下及投诉的情况，财务共享服务中心需要建立相应的惩罚措施。对于轻微违规行为，可以采取口头警告；对于严重违规行为，可以采取罚款等经济惩罚；对于造成较大损失或多次违规的行为，可以采取降职或辞退等严厉的惩罚措施。

在建立奖惩机制之后，财务共享服务中心必须严格落实，确保制度的公平性和严肃性；同时，应定期对客服人员进行考核和评估，根据奖惩制度进行相应的奖励或惩罚，以确保奖惩机制能够发挥最大的激励和约束作用。

3）形成服务知识库

服务管理岗人员需要定期记录、梳理日常咨询过程中的问题，并分类总结高频和常见问题，以形成服务知识库（图 4-1）。依托服务知识库,借助智能客服平台,财务共享智能客服可实现高效服务。这种方式能够有效提高财务共享服务的效率和质量,从而提升客户满意度。

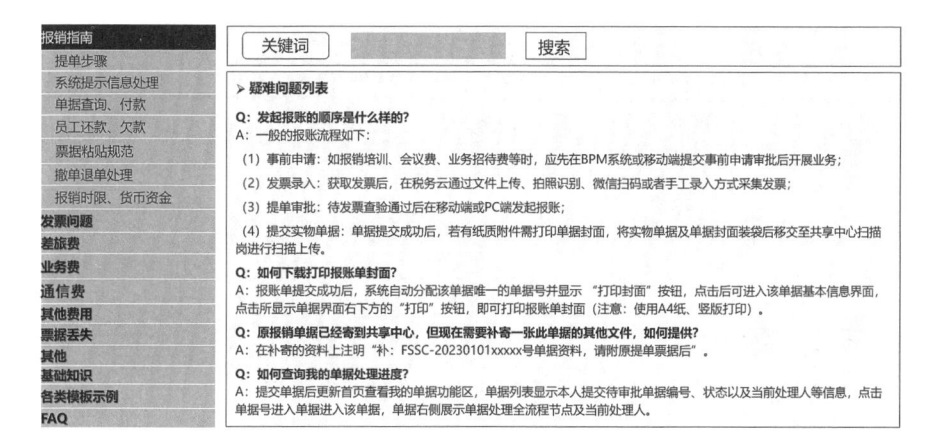

图 4-1 服务知识库示例

4)定期优化制度

通过日常客服答疑,财务共享服务中心可以对相关细则不清、落地不明的问题进行分类和沉淀。财务共享服务中心需定期对这些问题进行专项研讨,并在现有制度的基础上进行梳理和迭代更新,以适应业务需求和法规变化(如会计核算标准、审批流程、报销流程等)。同时,财务共享服务中心应鼓励员工积极提出改进意见和建议,以不断完善制度并优化服务。

三、制定服务水平协议的重要影响因素

为了确保服务质量,财务共享服务中心需要制定并严格执行服务水平协议(service level agreement,SLA)。服务水平协议主要用于规范双方商务关系、权利和义务。财务共享服务中心在制定 SLA 时,应注意以下几个方面。

(一)服务范围

在服务水平协议中,明确财务共享服务中心的服务范围至关重要。

通常,这些服务范围可能涵盖会计审核、会计制证、资金收支、纳税申报、报表输出等。然而,财务共享服务中心所能承接的服务远不止这些。标准且成熟的业务都是财务共享服务中心可以承接的服务范畴。这些业务在财务共享处理过程中应具有可控的质量和时效范围,业务模式较为标准,不易出现较大的处理标准变化。此外,这些业务还应具有可量化的标准,以便提供明确的服务标准保障。同时,评价标准最好能具备客观的量度,例如,时效、数据结果等,以确保服务水平协议的指标评价标准无异议。

(二) 服务标准

服务标准涵盖响应时间、处理时间、准确性、合规性、连续性、数据安全、服务质量、报告透明度、成本效益、服务可用性、灵活性以及持续改进等多个维度。财务共享服务中心通过制定标准的度量指标来执行和控制服务水平,从而确保服务的高质量和高效率。同时,财务共享服务中心通过量化和定期评估这些关键性能指标促进服务的透明度和持续改进,以满足企业的财务服务需求。

(三) 结算与定价

财务共享服务中心根据其组织架构和定位,一般采用内部结算与独立结算两种结算模式,同时其服务定价也有所不同。

内部结算模式通常适用于未独立成为法人运营的财务共享服务中心。在这种模式下,财务共享服务中心一般采用以支定收的方式进行服务定价,即根据某种分摊标准,将中心自身的营运成本直接分摊至企业内部被服务主体,分摊的依据是实际提供的服务量。

独立结算模式通常适用于财务共享服务中心进入成熟期,并希望为未来市场化经营奠定基础的情况。在这种模式下,财务共享服务中心首先要独立成为法人实体,即利润中心。然后,根据共享目标利润,按照"成本+利润"的方式进行服务定价。在这种模式下,利润率的高低主要取决于财务共享服务中心的运营水平。

四、小结

在财务共享服务中心的持续发展进程中,服务管理作为其核心环节,对财务共享服务中心的优化升级具有不可或缺的重要意义。财务共享服务中心通过实施服务管理,不仅可以显著提升服务质量和客户满意度,进而增强财务共享服务中心的整体服务水平;还能有效优化服务流程,提升服务效率,并降低服务成本,从而实现企业资源的合理配置和高效利用。总之,财务共享服务中心的服务管理在企业的财务管理和整体发展中扮演着举足轻重的角色,是推动企业持续健康发展的重要力量。

第二节 财务共享服务中心的质量管理

企业集团通过财务共享服务中心可以提升核算的质量,确保账务处理的合规性与合法性,以及符合集团公司基于管理目标的报表的准确性。进而,质量管理工作成为财务共享服务中心管理价值有效体现的重要保障。本节通过总结实战经验,从体系建设、常见管理误区及应对措施等方面进行阐述,旨在帮助企业在财务共享服务中心运营过程中成功建设全方位的质量管理体系。

一、财务共享服务中心质量管理体系建设

(一)质量管理制度建设

财务共享服务中心需明确质量管理目标,结合如风险可控、效率最优、服务最优等方面的管理要求,建立相应的质量管理组织,通过标准化的管理体系,根据相关的管理制度、操作规范、核算规则等要求,依托系统工具,完成质量管理制度建设。质量管理工作涵盖了工作周期与

运转、检查与评价内容、报告反馈及考核。企业应根据质检情况进行整改,以此推动质量管理水平提升。

(二)质量管理内容

针对制度、规范、操作细则进行一定的标准化管理;识别关键控制点,并按照不同的检查方式,如自检、工序性检查、专项检查、全面检查等,对工作质量进行检查。同时,出具量化质量检查结果,用数据对工作质量进行评价。

质量管理的内容通常包括两类,一类是工序类管理,即对提单人的提单质量、扫描员的工作质量及归档员的工作质量进行监控,并针对检测结果进行反馈;另一类是稽核类管理,即对已审核关闭的单据按一定抽检规则进行抽检,以检查财务共享服务中心各种会计审核单据的质量,如电子报账单、附件影像、电子凭证及付款回单等。对于检查出的问题,管理人员应及时通知审核会计采取相应纠正措施,并将检查结果纳入质量考核。

(三)质量管理的流程

第一步,定义质检任务。根据设定的任务要求进行临时、定期或全面的任务下达,包含质量管理内容、完成要求、(时间、内容、反馈)后续跟进解决措失等。

第二步,定义抽样范围,如时间范围、组织范围、单据范围等,并设定相应的抽样比例。

第三步,出具质检报告并持续完善。首先,根据质检任务对财务共享服务中心的工作进行质量抽查与监督,并出具质检报告;其次,根据检查结果总结问题与解决办法,并持续进行管理完善。

二、财务共享服务中心质量管理常见误区及应对措施

在财务共享服务中心的实际运营过程中,有的企业对质量管理理念和方法的误解或不当应用,导致质量管理效果不佳甚至出现严重问

题。结合大量财务共享服务中心的质量管理实践,下面我们对常见的管理误区及应对措施进行了梳理。

(一) 忽视质量管理文化建设

1. 误区分析

有些企业在建设财务共享服务中心时,往往过分聚焦流程和技术的优化,却忽视了质量文化的培育。这种倾向导致财务共享服务中心在后续的运营管理中普遍缺乏对质量管理重要性的深刻认识,从而容易出现各种质量问题。

2. 应对措施

企业应当在财务共享模式建设之初,就开始高度重视质量意识和质量文化的培养,确保财务共享服务中心的每一位员工都能深刻理解质量的重要性,并持续主动追求高质量的工作成果。

(二) 质量管理不能有效落地

1. 误区分析

有些财务共享服务中心仅关注共享作业的处理工作,却未建立完善的质量管理体系,导致质量管理工作缺乏必要的规范和指导。质量管理体系如果不能形成有效的管理闭环,容易出现质量问题频发的现象,进而增加财务共享服务中心和企业面临风险的可能性。

2. 应对措施

财务共享服务中心应当制定并实施适合自身情况的质量管理体系,明确质量管理的目标、责任和流程,以确保质量管理工作的有序进行,从而有效保障财务共享服务中心的作业与运营质量,并规避相应风险。

质量管理的有效开展路径如下:

(1) 构建分级质量管理组织(图 4-2),明确各层级的定位与管理职责,以保障质量管理体系在组织层面得到有效实施。

财务共享服务中心的质量管理组织一般由一级质量管理员、二级

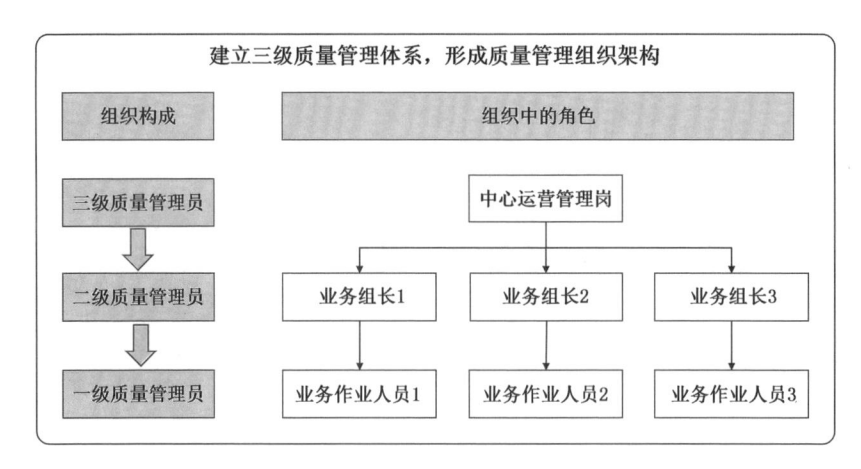

```
┌─────────────────────────────────────────────────────────┐
│      建立三级质量管理体系，形成质量管理组织架构              │
│  ┌──────┐    ┌─────────────────────────────────────┐   │
│  │组织构成│    │         组织中的角色                │   │
│  └──────┘    └─────────────────────────────────────┘   │
│  ┌────────┐              ┌──────────┐                  │
│  │三级质量 │              │中心运营   │                  │
│  │管理员   │              │管理岗    │                  │
│  └────────┘              └──────────┘                  │
│     ↓          ┌─────────┬─────────┬─────────┐         │
│  ┌────────┐    │业务组长1 │业务组长2 │业务组长3 │         │
│  │二级质量 │    └─────────┴─────────┴─────────┘         │
│  │管理员   │                                            │
│  └────────┘                                            │
│     ↓         ┌──────────┬──────────┬──────────┐       │
│  ┌────────┐   │业务作业人员1│业务作业人员2│业务作业人员3│  │
│  │一级质量 │   └──────────┴──────────┴──────────┘       │
│  │管理员   │                                            │
│  └────────┘                                            │
└─────────────────────────────────────────────────────────┘
```

图 4-2　财务共享服务中心分级质量管理组织示例

质量管理员、三级质量管理员构成，其职责分工如下：一级质量管理员作为各业务组的作业人员，负责按照质检方案进行质量检测操作。二级质量管理员担任业务组长，直接管理本组内作业质量并进行任务监控，提出整改意见并跟进，以推动质量改进，出具质检报告；同时根据管理需求和前期质检情况负责优化质检方案。三级质量管理员由财务共享服务中心运营管理部门的质量管理人员担任，负责建章立制，指导与监控财务共享服务中心整体的质量管理工作；协助运营管理负责人搭建有效的质量管理体系，推动质量改进，提升质检人员业务能力，协调跨部门协同等工作。

（2）设计财务共享服务质量管理的全闭环管理流程，包含质检方案的制定与执行，问题的发现、整改与跟进，质检分析报告的上报，质量管理分析指标的传递，员工考核的兑现，以及推动质量管理工作流程与系统的持续优化。

（3）通过测量系统分析，对质检内容进行重复性多次抽样检测，在检测过程一致性的基础上确定质检方案。

（4）建立专项质检工作启动管理机制，针对预先设定的某些特殊场景启动专项质检，特殊场景包括税务稽查前、发现重大资损、某员工多次提供虚假发票且情况严重、内控或审计出现严重问题、供应商进入黑名单等。

（5）基于在满足财务共享服务中心作业水平达到质量交付标准的前提下尽可能投入较少管理成本的管理原则，确定合理化的质检的范围、数量及频次显得尤为关键。企业应对单据的复杂程度、风险程度、金额大小，审单人的技能娴熟度（如针对新员工作业重点质检），兜底质检量（保证每位作业人员的工作实现一定程度的覆盖）等方面进行详细评估，制定出最为合理的质检方案。

（三）忽视持续质量管理改进

1. 误区分析

有些财务共享服务中心虽然针对质量管理进行了一些管理动作，并认为质量管理工作已经实施，不需要再进行持续改进。然而，财务共享模式是一个不断发展变化与升级的过程，需要不断地进行优化和改进。

2. 应对措施

财务共享服务中心应该建立持续改进的机制，定期评估和改进质量管理工作，以适应不断变化的需求和挑战。

（四）数字化工具水平亟待提升

1. 误区分析

有些财务共享服务中心目前尚未依托先进的数字化手段与智能化技术进行线上管理，而是依赖手工方式进行线下管理，这导致质量管理的及时性、准确性、透明性以及工作协同性都存在一定的问题与挑战。

2. 应对措施

财务共享服务中心应积极利用尖端数字化技术，将其深度整合至质量管理体系中（图4-3）。这些数字化应用不仅可以大幅提升财务共享服务中心在质量管理方面的规范性、便捷性、时效性和严谨性，还能有力推动财务共享作业质量的持续改进，从而显著提高财务共享服务中心的整体运营效能。数字化技术应用于质量管理领域的实施关键点包括以下三点。

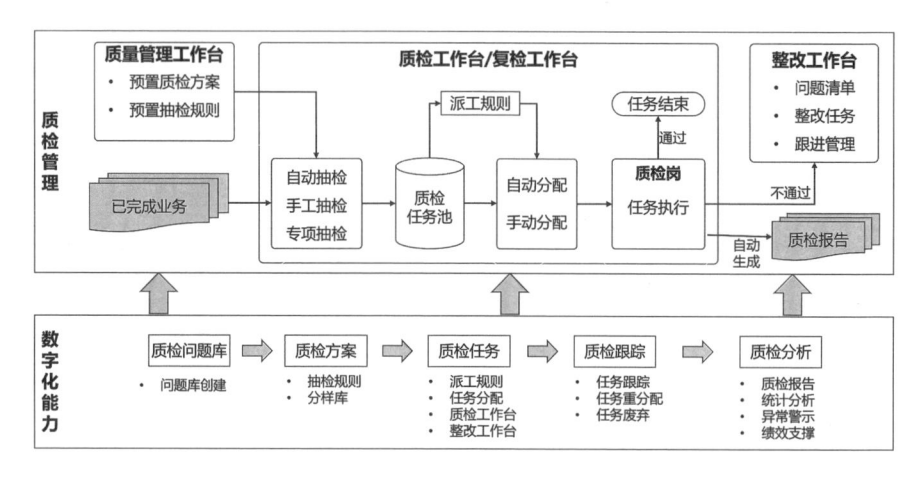

图 4-3　财务共享服务中心质量管理数字化应用示例

第一，借助质量管理工作台，质检组可以定制灵活的质量管理方案。

第二，通过质检工作台/复检工作台和整改工作台，质检组可以高效地推进质检工作，支持各级质量管理人员应用数字化技术实现质检流程自动化管理。

第三，凭借系统的数字化能力，质量管理系统能够动态地展示质量管理的运营分析指标，实时监控质检业务，并将发现的问题及时反馈给财务共享服务中心的运营管理层，以便其进行事前、事中的预警管理。此外，质量管理系统还能自动生成图文并茂的质检分析报告，提供给财务共享服务中心的各层级管理人员。

此外，随着人工智能技术的不断引入和应用，财务共享服务中心正逐渐朝着"无人值守，安全共享"的趋势演进。与此同时，质量管理的工作重点也随之发生了变化。例如，基于数字员工的智能审核实现了业务处理的高度自动化，但此时质量管理的工作重心不再是业务处理质量本身，而是要不断审视与评估数字员工的智能审核能力，以及在新业务发生时数字员工能否及时、全面、有效地应对，以确保财务共享服务中心实现自动化处理的安全性。

三、小结

财务共享服务中心质量管理误区是企业在实施财务共享服务时务必警惕并力求规避的关键问题。通过深化质量文化建设、构建健全的质量管理体系，并致力于持续改进，同时借助数字化技术进行智能升级，企业能够不断提升财务共享服务的质量管理水平，有效降低财务运营风险，从而实现更为卓越的共享业务管理效果。

第三节 财务共享服务中心的知识管理

知识管理是财务共享服务中心运营管理的重要工作内容，企业利用财务共享平台进行知识管理，可以将财务共享服务中心建设运营中大量有价值的方案、流程、经验等知识进行分类和管理，以积累知识资产。构建知识管理体系，能有效地促进知识的创建和运用，从而降低组织运营成本、强化财务与业务的链接、促进企业财务管理的规范性，并有效提升财务共享服务中心的服务质量。

尽管财务共享服务中心的知识管理具有如此重要的功效，但不论是在财务共享服务中心的咨询设计阶段还是建设运营阶段，知识管理都没有得到企业足够的重视和有效应用，自然也就没有发挥出其应有的价值。本节结合知识管理的成功案例，从观念提升、体系设计、全方位提升三个方面综合阐述财务共享服务中心知识管理体系建设的误区和解决策略。

一、观念提升化解认知陷阱

（一）认知陷阱

通常情况下，人们在解决问题时往往采用最直接的方法，即通常所说的"头疼医头，脚疼医脚"。企业在解决财务共享服务中心运营中的制度完善、人才育留、流程优化、质量提高、服务升级、精准绩效等问题时，虽然通过运营成熟度评估可以取得各运营维度的提升，但往往忽略了体系性知识积累的长久工作，从而落入片面追求短期效益的认知陷阱。

（二）解决策略

从底层逻辑分析，财务共享服务中心要实现卓越运营，必须在为企业提供服务的过程中达到较高的效率水平、较优的业务处理质量和较高的客户满意度等服务标准。这些标准的形成和优化与知识管理紧密相关，因此，财务共享服务中心应通过知识管理实现有效的知识共享和存储，从而帮助员工更迅速地获取所需的信息、流程和指导，确保所有财务共享服务中心成员都能遵循标准化的流程和制度。员工在财务共享服务中心内通过共享成功的经验和最佳实践，能够减少相同错误的发生，进而有助于提高服务质量和工作效率。此外，财务共享服务中心知识库中的制度、操作、提示性信息可以向报账人员开放，为报账人员提供更加个性化的服务支持，使报账人员能更便捷地了解报账标准和操作流程，更高效地选择报账单据，更准确发起报账业务。总的来说，企业通过系统性的知识管理建设，可以在知识收集、分享、应用中潜移默化地提高财务共享服务中心的工作效率和服务质量，促进创新和学习，增强团队竞争力，使企业和财务共享服务中心成员成为知识内容的"收割者"。

以国内某传统制造企业 C 企业为例，C 企业是较早建设财务共享服务中心的企业之一。为达到卓越运营的目标，C 企业进行了各种优化尝试，但总是不得其法，后来财务共享服务中心负责人在与咨询机构、软件厂商经过长期摸索后，建立了"融合—共享—学习—应用—更新"闭环财务知识管理体系。该体系包括财务知识分类、财务知识获取、财务知识共享、财务知识应用等多个环节。

在财务知识分类方面，C企业将财务知识进行分类并放入在线咨询、知识库、流程指南等多个栏目，方便员工按需获取。

在财务知识获取方面，C企业通过多种渠道收集和获取财务知识，包括内部研究、外部文献、专家讲座等。

在财务知识共享方面，C企业鼓励员工分享自己的财务管理经验和知识，并建立了一定的奖励机制。

在财务知识应用方面，C企业注重将理论知识转化为实际应用，通过不断试验和改进来提高财务管理效率和准确性。

二、体系设计解决建设盲区

（一）建设盲区

咨询公司为财务共享服务中心设计的知识管理方案在创造、沉淀、流动、应用方面往往显得过于理想化，导致实际落地存在难度；而软件厂商提供的财务共享服务中心知识管理标准功能显得过于简单，往往仅限于知识维护、检索、查看、功能悬浮提示等，无法凸显其真正价值。这导致大部分企业对财务共享服务中心知识管理建设感到茫然无助。长此以往，企业在知识管理领域的资金投入越来越少，形成了恶性循环，最终落入建设盲区的陷阱。

（二）解决策略

在知识管理体系建设中，企业需要通过分析知识管理中的实际难点，并形成体系性的框架，从而打造出一套既具有实用价值又具备一定前瞻性的知识管理系统。这套系统需要经过最终用户的检验和认可，方能摆脱建设盲区的陷阱。

通常情况下，财务共享服务中心在建设知识管理的过程中，会遇到知识获取与整理、知识共享与更新、安全性与隐私保护以及文化与组织变革等几个方面的挑战。企业可以结合相关问题，积极探索解决之道。

1. 知识获取与整理的挑战

财务共享服务中心建设的首要任务之一是收集、整理和储存大量的财务数据和信息,这些数据包括财务流程文件、报告、标准操作程序以及相关文件。由于这些信息通常分散在各个部门、系统和文档中,信息的获取和整理变得相当复杂;同时,不同部门或人员可能会使用不同的术语和格式来记录财务信息,这导致数据质量差异较大。

为解决这一问题,企业需要建立一个集中的知识库,将所有与财务相关的信息、文件和文档存储在一个易于访问的平台上。这可以通过财务共享服务中心的知识管理云存储服务来实现。在知识获取的过程中,企业还需制定标准化的数据录入和整理规范,确保所有信息都按照相同的格式进行记录。此外,企业还需要对员工进行培训,以确保这些规范得到严格执行。

知识库收集的主要信息包括:项目成果、财务相关业务处理案例等;人事、行政、福利等政策文件和管理办法等;各类规划报告、与财务共享相关的业务财务流程说明等;财务共享平台故障支持人员名单、财务共享岗位作业人员名单、财务共享相关系统操作手册及视频等;财务类相关管理制度、业务财务相关知识内容、业务财务相关报表(含保密级别)等。在收集过程中,企业需基于业务场景进行知识梳理,形成知识分类目录和知识属性目录,并围绕知识管理的全生命周期,通过知识收集、整理审核、挖掘创新、发布、应用、更新删除等过程,将知识库构建和创新为知识资产,从而获取更大的价值(图4-4)。

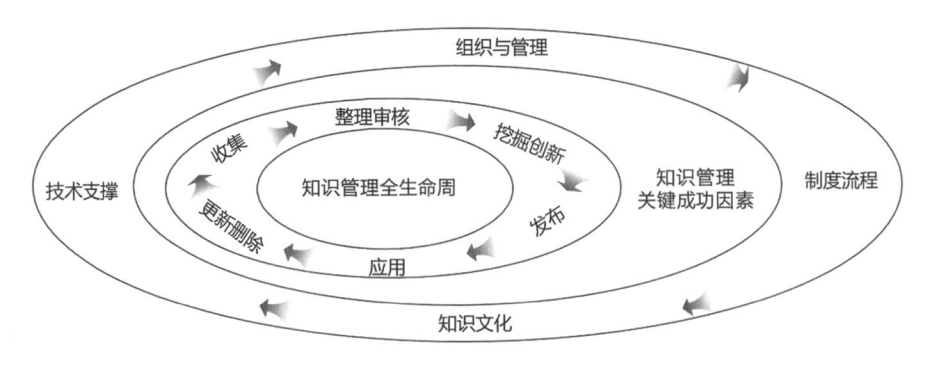

图 4-4 知识库向全生命周期知识管理延伸

2. 知识共享与更新的挑战

财务共享服务中心进行知识管理的价值在于将知识分享和传递给中心成员、报账人员、审批人员以及智能化的财务共享平台。然而,在财务共享服务中心进行知识共享和传递的过程中,有些员工或组织可能会产生抵制情绪,担心因此失去在相关领域的权威或被智能化替代。同时,在知识传递、更新、培训的过程中,由于知识传递缺乏规程,没有明确的流程来确保知识的顺利传递和接收,在财务相关信息、流程、制度发生变化时,知识库无法及时得到更新,其中的信息变得过时,不再适用于实际业务。此外,员工可能不清楚如何更新知识库,或者没有得到足够的培训来执行这项任务。

为了解决这些问题,企业需要通过建立激励机制鼓励员工分享知识,如实施奖励计划、提供晋升机会以及组织知识分享活动等。在建立激励机制的基础上,企业还需理顺管理流程,根据全生命周期管理理论制定明确的知识传递流程。例如,将知识管理流程统一划分为知识收集、知识挖掘与创新、知识发布、知识应用、知识更新与淘汰五个环节,通过不同部门和角色的协同合作,实现对知识内容全过程的管控,以达到知识质量可控的目的(图4-5)。

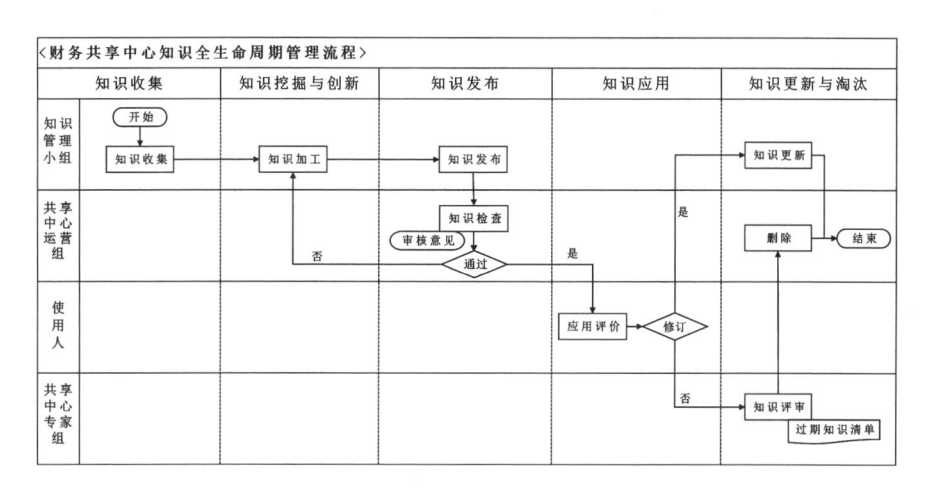

图4-5 财务共享服务中心知识全生命周期管理流程示例

在知识更新与淘汰环节上,财务共享服务中心应建立定期审查和更新机制,指派责任人定期检查并要求财务共享服务中心相关人员更新知识库,确保知识库中的信息与实际情况保持一致;同时也应为员工提供相关培训课程和技术支持,以确保他们知道如何更新和维护知识库。

3. 安全性与隐私保护的挑战

在财务共享服务中心知识库中,财务信息可能包含敏感数据,因此确保知识库的安全性和隐私保护至关重要。若发生不当的访问或泄露,敏感数据可能会泄露,从而对组织和企业造成重大损害,甚至引发严重的法律和声誉风险。

确保知识库中财务数据的安全性和合规性是财务共享服务中心在知识存储过程中需要重点考量的因素。在知识库的建设中,财务共享服务中心应确保知识的存储系统符合相关法规和标准。为实现这一目标,企业可以采用访问控制、数据加密和审计追踪等措施,以确保只有授权人员能够访问敏感信息;同时,通过监控知识的访问和使用情况,以及对违规行为采取及时的纠正措施,可以有效地保护敏感数据免受未经授权的访问。只有这样,财务共享服务中心才能为组织和企业提供一个既安全又高效的知识共享平台。

4. 文化与组织变革挑战

财务共享服务中心建设代表着企业的变革与创新,同样,知识管理建设也需要改变组织文化和员工习惯。企业即便有理念宣贯,在进行知识管理建设的过程中,也会出现员工抵制变化、不愿意采用新的知识管理方法的情况。很多财务共享服务中心是在运营阶段才开始着手进行知识管理建设的,这需要对原有财务共享服务中心的组织结构进行调整,而这样的调整往往会导致不确定性和员工情感上的抗拒。

在此情况下,企业可以制定文化变革计划,包括培训、宣传和激励措施,以帮助员工适应新的知识管理文化。财务共享服务中心在组织结构调整过程中应进行及时的沟通,让员工参与决策过程,并解释为何需要做出这些改变,以减少员工的抵触情绪。在确定财务共享服务中心知识管理组织架构时,有条件的企业可以将其与企业级的知识管理组织架构进行统一设计,例如,按照企业级知识管理组织架构,财务共享服务中心的知识管理组织架构也可以按三级管控模式设计,即组织架构分为决策层、管理层和执行层。

(1) 决策层:知识管理委员会是知识管理体系组织架构中的最高领导机构,属于领导决策层,主要负责公司知识管理体系的战略指导、领导决策、审批审核等工作。

(2) 管理层:知识管理部是知识管理委员会下设的负责知识管理体系具体推动和运营的部门,主要承担知识管理体系的规划、运营管理、绩效考核等工作。

(3) 执行层:知识管理小组是知识管理体系的执行部门,是在企业职能部门和业务单元设立的虚拟工作组,主要负责知识管理、内容收集、协调推进等工作。

(三) 知识管理实践案例

以某国际化咨询类企业Z企业为例,Z企业在帮助客户进行有效知识管理的同时,其管理层也在企业内部进行了成功的知识管理实践。通过以下知识管理实践,Z企业成功地将其内部知识资源转化为生产力,促进了企业的持续发展和创新。Z企业从最初的财务共享知识管理平台逐步发展成为现在的社交型学习企业。

(1) 知识管理组织架构。设立了专职知识管理经理和由大约300人组成的协调团队。他们通过获取、整合、共享和使用公司内部的信息、知识和经验,创建和维护系统化的流程,以确保公司总体目标的实现。

(2) 知识内容架构。完善了知识内容架构,使之与Z企业战略目标及业务发展需求相关联的知识内容更加体系化。分类的维度包括知识类型、业务领域、业务流程、服务领域以及文档属性等。

（3）知识管理评估与激励。通过建立衡量指标和激励机制，成功营造了全员知识共享的文化氛围。Z企业对与连接、贡献和培养各方面行为相关联的32项活动进行记录，并给予积分奖励。这些绩效结果在员工晋升中也作为一项重要考虑因素。

（4）知识管理系统。该系统提供了业务文档管理、业务流程管理、专业研究支持、培训学习平台、沟通交流渠道以及外部资源获取等六大功能。

三、全方位提升，跨越知识运营陷阱

（一）知识运营陷阱

财务共享服务中心通过建设知识库形成知识沉淀，通过开展激励活动积累一定的用户群，使员工之间初步形成知识共享的意愿和氛围。然而，许多财务共享服务中心的知识库在建成后不久便逐渐失去了活力。通过对多个企业财务共享服务中心的分析，我们发现知识库失去活力的主要原因在于知识运营出现了问题，从而产生了知识运营陷阱。这主要体现在以下三个方面。

第一，内容运营方面存在陈旧化问题，知识内容更新不及时，内容分类、分级缺乏专人维护，导致易用性不高。例如，制度文件和流程说明的资料过于陈旧，无法满足实际工作需求。

第二，用户运营方面面临活跃用户比例不高、骨干参与度不够的困境。员工在提出专业问题时往往无人解答，导致交流意愿低下，影响了知识共享的效果。

第三，平台运营方面存在内容分类不精准、用户定位不明确的问题，用户智能推送方面仍有很大的提升空间。

（二）跨越知识运营陷阱的方法

为跨越这些知识运营陷阱，财务共享服务中心需采取多种方法和活动,以促进知识的传播和复用,提升知识平台用户量和用户黏性,跨越知识运营陷阱。

首先,在内容运营方面,财务共享服务中心应持续进行知识生产并推动知识复用,提升与知识内容相关的各类数据,如知识存量、知识复用量、知识点赞量、知识评价等。知识运营组可以定期发布知识专题和报告,开展问卷调研和知识复用故事征集等活动,如发布双周知识专题、知识月度报告、季度问卷调研、季度知识复用故事等;同时,利用数字化手段降低知识发布门槛,提高发布效率。

其次,在用户运营方面,财务共享服务中心应以知识用户为核心,建立"用户激活—留存—活跃—复用"的良性循环,持续提升与用户相关的各类数据。知识运营组可以开展提升活跃用户量、用户访问量、复用量和点赞量等行为数据的活动,并收集用户评价和复用故事等反馈信息,以优化用户体验。

最后,在平台运营方面,财务共享服务中心应具备知识生产、加工和更新的能力,通过与日常办公结合,集成企业微信、统一门户等功能,推动知识新闻、地图和频道的推广;借助人工智能、知识图谱等技术实现更精准的搜索和推荐功能,解决用户使用问题。知识运营组可以定期开展平台功能推广活动,提高用户使用平台的熟练度,并逐步推动知识平台运营从 1.0 阶段向 3.0 阶段迭代升级(图 4-6),最终实现智能化运营。

1.0 阶段	2.0 阶段	3.0 阶段
内容、资产	连接、场景	智能化
知识分类　知识权限	知识地图　知识问答	引导式学习　千人千面
知识仓库　知识搜索	知识社区　积分勋章	知识机器人　生态知识联盟
知识主题　知识门户	服务定制　推送与拉取	场景化服务　知识交易

图 4-6　知识平台运营的三个阶段

(三)成功实践案例

以国内某 IT 集团 Y 企业为例,Y 企业的知识管理工作作为企业战略的一部分,起初由财务共享服务中心承担,后由知识管理部负责相关职责。这些工作包括知识管理政策、流程、规则的制定,知识管理方法论的研究和赋能,以及知识管理平台的整体建设和运营。据统计,通过实施知识管理策略,Y企业成功减少了20%的重复工作量,并提高了30%的工作效率。此外,受益于以下知识管理策略的实施,Y企业的员工可以更快速地获取所需的信息,更有效地解决问题和开展工作。

(1)知识管理团队:知识管理部、质量与运营部门和业务部门的知识经理相互配合、相互促进,共同致力于通过知识管理思想和方法帮助业务持续取得成功。

(2)知识管理平台:知识管理平台的产品架构分为接入层、应用层、服务层、内容层。其中,接入层主要用于实现知识管理平台与业务系统之间的集成,员工可通过业务系统配置的查询功能方便地查阅知识管理平台中存储的知识内容;在应用层,知识管理平台配置了团队、知识地图、文档等多样化的应用模块,以满足用户不同维度的知识管理需求;在服务层,知识管理平台构建了多种关键功能,这些功能供应用层调用以实现知识团队管理、知识分类、知识维护、知识查询、知识更新等业务需求;内容层存储了多种形态的知识资源,如文档、图片、视频等,这些资源可供应用层调用,以满足不同层面的知识管理需求。

(3)平台运营:平台运营目前由Y企业知识管理部承担,各部门运营由各部门的知识管理业务合作伙伴负责,团队管理员则由业务人员担任。在这三层正式组织之外,参与运营的还有一个重要角色——平台粉丝。拥有知识管理平台访问权限的人员均可成为平台粉丝,这些粉丝会对平台改进优化提出建设性意见,积极参与新功能体验内测,积极响应平台的运营活动,形成正面的舆论导向。

四、小结

知识管理在财务共享服务中心的运营中占据重要地位,从长远视角来看,知识服务不仅局限于财务共享服务中心相关业务的知识萃取和业务反哺,它还能够广泛服务于企业经营管理的各个领域,推动企业各项业务的优化提升。因此,企业应将知识管理置于全局视角进行规划与实施,避免急功近利和急于求成的心态。企业应通过长期、持续的建设逐步实现知识管理的业务化、服务化、运营化、集中化和平台化,从而为企业创造更为持久和深远的价值。

第四节 财务共享服务中心的人员管理

近年来,构建财务共享服务中心已成为越来越多大型企业集团财务管理变革的首选路径。然而,财务共享服务中心的建设远非仅仅上线一套系统那么简单,它更涉及观念、组织、人员、流程等多个方面的深度变革。在这一过程中,许多企业纷纷表示,"人的问题"是他们面临的最大挑战。例如,当大量人员集中到财务共享服务中心后,如何进行有效管理？如何设计共享财务人员的职业发展路径？未来,共享财务人员是否有可能被机器人取代？如何应对财务共享服务中心人员离职率较高的问题？

由于财务共享服务中心的人员管理同样属于人力资源管理的范畴,我们应遵循人力资源管理的经典原则——"选、育、用、留"。本节梳理和总结了众多企业的财务共享服务中心建设及运营实践,深入分析并探讨了在财务共享服务中心建设和运营过程中如何实现人员的有效"选、育、用、留"全生命周期管理问题。

一、选:如何选拔适合的人员

(一)关于人员数量

首先,基于业务量预测及效率提升规划,企业应测算出不同阶段财务共享服务中心不同岗位所需的人员数量。通常,测算方法包括业务量测算法、业务分析法、对标评测法。通过综合运用这些方法,企业可以精确地计算出每个岗位所需的人员编制。

其次,企业应根据推广进度和业务量的变化动态调整人员规划,不能一开始就将所有人员集中到财务共享服务中心,而是应该根据实际需求逐步增加人员,进行阶段性的扩充。

最后,在试点及上线初期阶段,考虑到共享作业人员对业务的熟悉程度以及系统上线初期可能存在的不稳定性,财务共享服务中心在配置人员数量时应相对宽松一些,一般而言,需要额外增加5%~10%的人员数量,以确保工作的顺利进行。在后期推广阶段,随着流程效率的逐步提升,财务共享服务中心应逐渐对人员配置进行调整。

(二) 关于人岗匹配

根据财务共享服务中心的组织结构及岗位职能设计,其工作岗位通常可以分为三类:流程作业类、运营管理类和行政管理类。

流程作业类岗位的特点是以处理重复性高、标准化程度高以及业务类型单一的工作为主,其主要工作内容为基础核算和资金收付管理等。

运营管理类岗位的特点则是以处理业务复杂程度较高、业务类型多样的工作为主,其工作内容涵盖业务流程的优化、财务质量的稽核、绩效考核的管理、信息系统的运维等。

行政管理类岗位的特点是以处理管理复杂程度较高的工作为主,其主要工作内容为制定规则、统筹规划、决策管理等。

不同类型的岗位对任职经验和技能要求各不相同,因此,在人员选拔时,财务共享服务中心应按照人员能力素质模型(图4-7)对不同人员进行岗位匹配,确保将合适的人放到合适的岗位上。

许多企业财务共享服务中心的人员主要来自企业各分子公司的财务部门,在初期阶段,这些人员可能并不完全具备与岗位相匹配的经验

教育背景
包括学历、专业背景等，是任职和晋升的重要考虑因素

专业知识
包括财务、信息系统等方面的岗位相关专业知识

操作技能
包括办公软件应用、财务信息系统操作等技能

财务共享服务中心人员素质模型

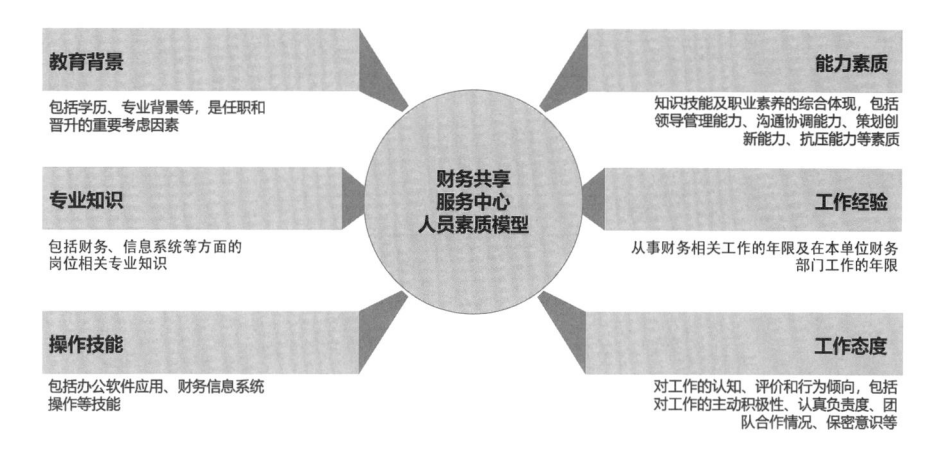

能力素质
知识技能及职业素养的综合体现，包括领导管理能力、沟通协调能力、策划创新能力、抗压能力等素质

工作经验
从事财务相关工作的年限及在本单位财务部门工作的年限

工作态度
对工作的认知、评价和行为倾向，包括对工作的主动积极性、认真负责度、团队合作情况、保密意识等

图 4-7　人员能力素质模型示例

和能力。因此，企业需要制定相应的培训提升计划，以确保他们能够快速适应新的工作岗位，避免因技能问题而影响到岗位职能的正常发挥。

（三）关于选拔来源

共享人员的选拔通常分为内部选拔和外部招聘两种途径，企业应以内部选拔为主，外部招聘为辅。此外，企业应从财务共享发展的角度出发，合理配置不同年龄、经验和专业背景的人员，特别是注重引进复合型人才和创新型人才，以支持财务共享服务中心在不同时期的工作需求。

在试点期，为了迅速组建财务共享服务中心团队，企业主要从总部或其他分子公司的财务部门借调合适的人员。这些内部人员对业务相对熟悉，有助于财务共享服务中心顺利开展业务，避免规划阶段可能忽视的细节风险。

在推广期，为满足扩充人员数量和提升人员素质的要求，企业可以提前在组织内部进行综合选聘，选拔合适的员工分批进入财务共享服务中心。同时，企业应完善培训体系和质量检查体系，以避免人员交替导致作业质量下降或客户满意度降低。

进入稳定期后，除了正常的内部选聘外，财务共享服务中心可根据需要逐步增加外部招聘的名额，每年从应届毕业生中选拔有潜力的人

员,进行业财方向或共享方向的专项培养。业务操作岗位应重点面向高校进行招聘,而运营管理岗位则可以考虑从外部招聘具备共享运营丰富经验的人才。

(四) 关于人员编制

很多国企单位在财务共享服务中心建设及人员上收过程中会面临一个难题,如果财务共享服务中心被设置为集团财务部下的二级部门,那么其编制问题该如何解决? 一些单位可能会选择重新申请扩充编制,以满足财务共享服务中心对人员的需求;另一些单位则可能选择成立独立的财务子公司,将所有财务人员纳入其中,使子公司拥有对财务人员的劳动关系权和定岗定薪权。如果上述方法均不可行,那么只能暂时采取借调的方式。然而,为了保证工作质量,借调人员的考核应统一归财务共享服务中心进行管理。当然,也有采用统一共享平台虚拟组织形式来进行共享运营的情况,但这种情况通常发生在以费用共享为主且规模相对较小的财务共享服务中心。

二、育: 如何培养优秀的人员

(一) 关于项目团队

很多企业认为,财务共享服务中心建设期的主要工作应由系统厂商承担。然而,财务共享服务中心建设作为财务管理转型中涉及组织、流程、系统等多方面变革的综合性项目,其成功必然依赖于企业与系统厂商的紧密合作与共创。因此,企业也应组建一个专职的项目团队,与系统厂商携手,共同推进项目的全过程(图 4-8)。从全面调研、方案规划到系统需求确认,再到项目培训等各个环节,除了项目组成员的积极参与,企业还需要在不同阶段邀请业务骨干、业务财务及集团财务等人员全面参与进来。只有这样,才能确保项目的顺利推进和成功实施。在项目实施的过程中,企业将培养出一批既懂信息化又懂项目管理的财务人员,他们将成为财务共享服务中心未来的骨干员工。

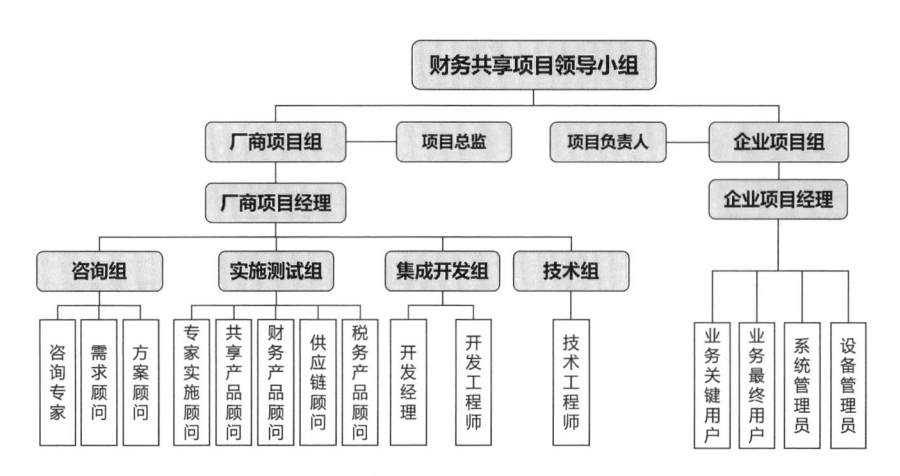

图 4-8　财务共享项目团队组织架构图

(二) 关于培训体系

面对各种政策的变化以及信息技术的快速发展,为了营造良好的学习氛围,财务共享服务中心应建立内部培训体系,并持续开展线上、线下的内外部相关培训。

首先,财务共享服务中心作为企业未来的人才中心,可以与企业人力资源部联合建立财务共享服务中心培训体系,并组建相应的讲师团队,提供丰富的培训课程。培训课程应针对不同岗位的员工制定相应的培训内容,主要包括专业知识类培训、岗位技能类培训、通用技能类培训、服务规范类培训以及职业素质类培训等。

其次,为了保证培训效果,需要对培训进行评估和优化。每场培训结束后,财务共享服务中心可以通过问卷调查、培训考试等方式对培训效果进行评估,并根据考试结果和问卷反馈结果进行分析总结,不断改进后续的培训内容或方式。

各种培训不仅可以提高员工的技能水平,还能拓宽员工的知识面,使他们时刻了解最新的政策以及新兴的技术手段,保持变革的动力,成为复合型人才和共享价值赋能专家。

三、用：如何保障人员的发展

（一）关于轮岗机制

很多员工认为，在财务共享服务中心从事重复且简单的工作非常枯燥，同时从客户满意度的角度出发，企业还要求他们具备良好的服务态度，这与传统财务人员的自我定位并不相符。因此，当财务共享服务中心进入稳定期后，都会面临如何提升员工积极性和保留优秀人才等问题。为了提高员工的工作积极性，拓宽员工的职业发展道路，财务共享服务中心在进入运营稳定期后应建立轮岗机制，包括内部轮岗和外部轮岗两种方式。

在内部轮岗方面，财务共享服务中心的员工可以根据自己的意愿和岗位的要求申请内部轮岗。如果员工在前一个岗位任职超过半年，且考核结果为优秀，企业可以根据员工的个人特质和专业发展方向的意愿安排他们到管理岗工作或参与专题项目。

在外部轮岗方面，对于在财务共享服务中心表现优异且专业能力强的员工，企业可以安排他们到战略财务、业务财务等岗位进行轮岗。通过外部轮岗，财务共享服务中心可以拓宽员工的视野及职业发展机会，吸引更多员工加入财务共享服务中心工作。只有这样，财务共享服务中心才会成为整个公司的人才资源池，为公司培养更多有潜力的优秀员工。

（二）关于人员发展

很多员工担心在财务共享服务中心缺乏职业上升空间，因此，企业必须为员工设计职业发展通道，以确保员工个人发展与财务共享服务中心的战略目标相契合，从而吸引更多人才加入财务共享服务中心。企业在设计具有财务共享服务中心特色的员工职业发展通道时，应从横向和纵向两个维度进行规划。

横向发展通道分为内部发展通道和外部发展通道。结合轮岗制度,员工可以从简单的费用审核岗位逐步发展到难度较高的应收审核岗位、应付审核岗位,再到总账核算岗位,甚至进一步到运营管理岗位。同时,他们也有机会向业务财务岗位或战略财务岗位发展,从而成为综合性人才(图4-9)。

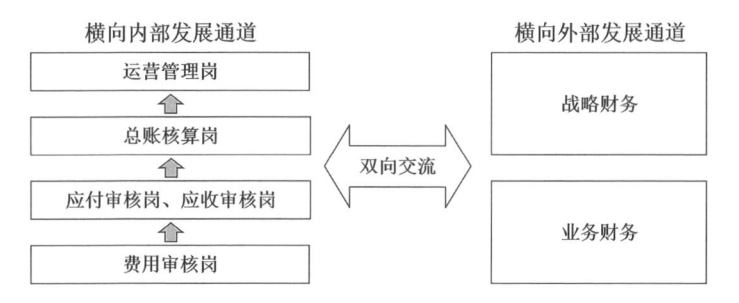

图4-9 横向发展通道示例

纵向发展通道分为专业条线和管理条线。首先,结合企业的职级晋升路径,员工可以在专业条线上进行晋级发展,从普通员工逐步晋升为初级专家、中级专家,直至高级专家。这种晋升路径可以确保财务共享服务中心人员的专业性。其次,在管理条线上,员工可以从普通员工逐步晋升为业务组长、运营管理负责人,直至成为财务共享服务中心负责人(图4-10)。

图4-10 纵向发展通道示例

这种横向和纵向双发展通道的设计旨在拓宽员工的职业发展道路,提升他们的综合素质,为公司的长远发展提供有力的人才保障。

四、留：如何保持人员的稳定性

（一）关于人员激励

对于财务共享服务中心而言，由于其薪酬并不具有较强竞争力，职业发展空间较小，人员离职率较高一直是管理层较为头疼的问题。因此，企业必须制定合理且具有激励导向的员工考核机制，根据员工的考核结果实施激励，而非采取"大锅饭"的模式。

财务共享服务中心应将组织目标通过指标体系层层细化，落实到具体员工的日常工作行为中，通过对行为结果进行考核，并根据考核结果制定相应的激励措施。当员工考核结果为优秀时，应给予肯定和奖励，包括物质和精神层面的激励，以调动员工的积极性；而当员工考核结果为不合格时，应采用负向激励的方式传递压力，促使其进行相应的改进。

上述各种激励措施旨在激发员工的潜能，调动他们的积极性，并留住优秀人才。

（二）关于团队氛围

财务共享服务中心除了对员工进行发放薪酬奖金和职级晋升等物质激励外，同样应该重视工作氛围和精神激励。例如，通过月度优秀员工、年度优秀人物等荣誉激励方式激发员工的进取心；通过集体生日、团建等情感激励活动使员工感受到关怀，从而在心理上形成对组织的认同感和归属感；此外，通过金点子比赛、创意大赛等目标激励措施激发员工的积极性、主动性和创造性。

通过这些管理手段，财务共享服务中心可以建立良好的文化氛围，提高团队凝聚力，增强员工对组织的认同感，进而保障财务共享服务中心的稳定、高效运营。

五、小结

对于新建组织而言，尤其是对迅速聚集了至少几十人规模的财务共享服务中心而言,人员管理的重要性不言而喻,它直接关系到财务共享服务中心的运营效率和效果。通过精心实施人员选拔、培育、使用和激励等管理措施,企业能够筛选出最合适的员工,并充分激发他们的潜能。同时,企业通过营造积极向上的工作氛围确保员工职业发展达到最优化,进而保障组织目标的顺利实现。

第五节 财务共享服务中心的绩效管理

财务共享服务中心建设的目标包括整合资源、降低成本、提高效率、保证质量、提高客户满意度等,这些目标需要一层层分解至每个流程及每名员工。财务共享服务中心建设目标的实现,依赖于绩效管理来进行有效的管理控制,使管理者和财务共享服务中心的员工能够清晰地了解自身的位置、岗位职责以及目标,从而确保财务共享服务中心能够为内外部客户提供稳定、持续改进的优质服务。因此,绩效管理在运营管理中占据着非常重要的地位,它涉及组织、人员、流程、系统等各个方面,并强调组织目标和员工目标的一致性,同时注重组织和员工的共同成长。

本节在总结大量财务共享服务中心建设及运营的领先实践的基础上,就当前企业所关心的绩效管理体系建设问题展开分析。

一、建立完善的组织体系

建立完善的组织体系为绩效管理提供了充分的组织保障。在建设初期,财务共享服务中心通常没有单独的运营管理人员,相关职责由各组组长或组员兼任,绩效管理并未真正纳入日常议程,仅是对一些绩效报表和数据进行简单的分析。然而,随着财务共享建设的逐步深入,财务共享服务中心需要设立专门的运营管理部门和绩效管理岗。

财务共享服务中心的绩效管理工作主要由绩效管理岗牵头组织，绩效管理岗的主要职责如下：

（1）负责完善和优化财务共享服务中心的绩效体系。

（2）负责组织制定和修订绩效管理方案以及考核维度指标。

（3）负责汇总各项考核指标数据，并编制绩效考核报告。

（4）负责对财务共享服务中心的绩效考核办法进行宣传和沟通。

（5）负责受理员工关于考核的投诉，并跟踪处理相关事宜。

二、设置科学的考核指标

设置科学的考核指标是绩效管理的前提，考核指标的科学性、合理性将直接影响绩效管理工作的成效。对于财务共享服务中心的绩效管理，平衡记分卡法是目前的主流方法。该方法涵盖财务、客户、内部流程以及学习与成长四个维度，通过将这四个维度分解并转化为具体的量化指标，企业可以构建财务共享服务中心整体的绩效考核指标体系。这一指标体系主要分为组织绩效和个人绩效两个方面，为绩效管理的全面、客观和动态评估提供坚实基础。

（一）组织绩效

组织绩效涵盖与财务共享服务中心自身特点密切相关的多种维度指标，旨在全面评估财务共享服务中心的运营及管理水平。

1. 财务维度

（1）初期成本：软件成本，实施成本，培训成本，试点成本。

（2）人力成本：财务人员薪酬成本。

（3）成本与收入比：成本利润率。

（4）计划完成情况：经营计划完成率。

2. 客户维度

（1）客户满意度：客户对财务共享服务中心的整体满意度。

（2）问题处理是否到位：财务共享服务中心的投诉处理率。

(3) 服务水平协议：服务水平协议达成率。

3. 内部流程维度

(1) 时效：财务共享服务中心的业务处理效率。

(2) 准确率：财务共享服务中心的业务差错率。

(3) 流程标准化：财务共享服务中心的业务标准化率。

(4) 风险控制：对风险的控制及监控情况。

4. 学习与成长维度

(1) 新业务培训：财务共享服务中心的培训目标完成率。

(2) 新业务推广：财务共享服务中心的新业务响应及时度、新业务响应质量。

(3) 共享推广：是否按规划达成推广的阶段性目标。

(4) 知识分享：财务共享服务中心的知识上传下载数量。

(5) 制度体系建设：财务共享服务中心的制度体系建设的完整性。

(6) 创新应用：财务共享服务中心的创新情况，如引入财务机器人等。

(二) 个人绩效

个人绩效是由组织绩效自上而下分解而来的，它与组织绩效目标保持一致。个人绩效指标对员工具有很大的导向作用，能够明确员工的工作方向和重点。

1. 财务维度

该维度的指标主要是工作量。企业可设置员工每月的标准工作量，每超过标准工作量增加相应的分值，低于标准工作量扣减相应的分值。

2. 客户维度

该维度的指标主要是客户对个人业务处理的满意度，若有客户投诉情况，则对相应员工扣减对应的分值。

3. 内部流程维度

(1) 业务处理时效：员工的业务处理效率，超出标准时效扣减相应的分值。

（2）准确率：员工业务准确率，低于标准值扣减相应的分值。

4. 学习与成长维度

（1）培训考试：积极参加培训并通过培训考试。

（2）新员工培养：负责培养新员工。

（3）知识分享：包含知识贡献、知识学习、知识分享积分。

（4）流程优化：积极协助开展流程优化工作。

（5）创新应用：提出各种创新观点等。

三、形成有效的评价体系

绩效管理在财务共享服务中心建设的不同阶段具有不同的侧重点，因此，构建适应不同阶段的有效评价体系对于财务共享服务中心的运营效率和服务质量至关重要。针对不同阶段、不同类型的工作岗位，我们应设定不同的评价标准，并分别明确具体的考核要求和评价方法，定期以绩效报告的形式进行统计、分析与考核，以确保评价体系的科学性和有效性。通过这样的方式，我们能够更好地推动财务共享服务中心的持续发展，提升其整体绩效水平。

（一）组织绩效

在不同的阶段，财务共享服务中心的工作侧重点也有所不同，因此，针对不同阶段的财务共享服务中心，考核要求和考核重点均有所差异。

在建设阶段，企业主要衡量财务共享服务中心通过财务及相关业务的整合，降低成本及提高财务工作效率的程度。此时，考核重点主要集中在财务维度和内部流程维度。

在优化阶段，企业更加关注各个方面的流程优化情况。此阶段，绩效管理人员除了继续关注财务维度和内部流程维度，还需对业务的标准化情况、差错情况及财务数据质量进行考核，同时，客户维度的满意度也应被纳入考量范围。

在稳定运营阶段,企业应重点关注财务共享服务中心的服务质量。此时,客户维度显得尤为重要,企业需要对满意度及投诉情况进行重点考核,同时还需关注财务维度数据质量的提升、内部流程维度新业务流程的优化以及学习与成长维度方面的业务开拓情况。

到了卓越运营阶段,企业应重点关注客户的开拓情况。此阶段,组织绩效考核的重点应主要放在客户维度及学习与成长维度上;在财务维度上,需要衡量外部客户的拓展费用与收益情况;而在内部流程维度上,需要考核内部流程的持续优化、客户信息安全以及财务质量等。

(二) 个人绩效

对于员工个人绩效,由于各岗位的工作职责、内容和重点存在差异,企业应结合人员的岗位特点来制定差异化的绩效管理目标、绩效考核指标及权重。

对于业务处理序列岗位,企业应以客观量化评价为主,主要考核财务维度和内部流程维度方面的指标,同时结合少量的定性评价。

对于运营支持序列岗位,企业应采用定性和定量相结合的方式进行评价,主要考核内部流程维度和客户维度方面的指标。

对于管理序列岗位,企业应以定性评价为主,并增加对学习与成长维度的考核。此外,对于财务共享服务中心的负责人和各组组长的个人绩效考核,企业应综合考虑其组内成员的综合评价。

四、制定完善的绩效管理机制

财务共享服务中心作为一个独立组织,建立完善的绩效管理机制并实行全过程绩效管理,对促进和提升组织及员工的绩效、形成良性循环具有重要意义。

(一) 绩效管理全流程

财务共享服务中心的绩效报告由绩效管理岗负责编制与发布。其绩效管理流程如下：

（1）绩效考核方案的制定：结合战略目标和岗位职责分工，设计考核指标体系，并与员工签订个人绩效合同。

（2）绩效评价：绩效管理岗根据系统或线下获取的相关数据进行汇总和分析。

（3）绩效报表：绩效管理岗计算出最终的组织绩效和个人绩效结果，并形成绩效报告。

（4）审批流程：绩效报告需经运营管理组组长和财务共享服务中心负责人审批。

（5）绩效报表：审批通过后，绩效管理岗负责发布组织绩效和个人绩效报告。

（6）归档管理：已发布的绩效报告由绩效管理岗负责存档备查，以备后续查阅和参考。

（二）绩效评价的频率

组织绩效一般按季度、半年度和年度进行评价。

个人绩效一般按月度、半年度和年度进行评价。

（三）绩效结果的应用

为了充分发挥绩效管理的作用，财务共享服务中心基于战略目标和运营评价结果可以进行制度、流程、分工等方面的整改，从而提升财务共享服务中心的整体绩效水平；员工基于评价结果能够了解自己的工作情况，并针对不足之处进行改进，保证财务共享服务中心人员的良性循环（图4-11）。

对于考核结果优良的人员，企业应采取正向激励措施，如薪资调增、职位晋级、提供外出学习培训的机会、纳入人才资源池作为后备管理干部进行培养等。

对于考核结果不合格的人员，企业应采取压力传递的方式，如薪资调减、职位降级、参加业务培训和考试、重新分配岗位等。

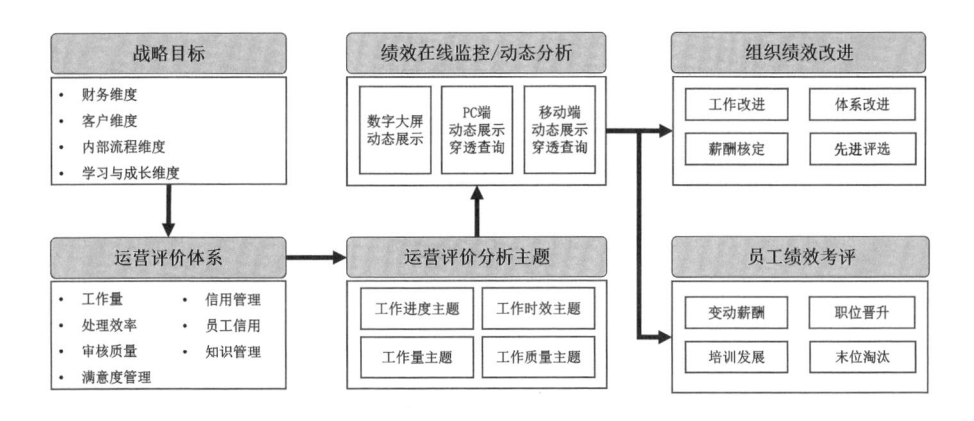

图 4-11 绩效应用过程示例

(四) 绩效管理的持续优化

绩效管理的各项内容并非一成不变,随着财务共享服务模式的不断发展,具体的评价指标和评价标准可能需要根据实际情况进行调整和优化。在财务共享服务中心成立初期,企业可以适当放宽绩效考核指标或评价标准,以给予新组织充足的时间和机会进行自身的完善和优化;在全面推广阶段,企业可适当提高绩效考核指标和评价标准,以便更客观地反映绩效的真实水平,并据此进行持续改进;当财务共享服务中心运行稳定后,企业可再次调整绩效考核指标和评价标准,以便财务共享服务中心能够更好更快地适应新业务的发展需求。

五、依靠智能化的系统工具

绩效管理涉及众多指标和评价模型,这些都需要大量数据的支持,如果完全依赖线下手工统计的方式,取数的难度和工作量将会非常大,同时质量也难以得到保证。因此,企业需要借助智能化的系统工具进行数据的采集、加工,使其形成有价值的数据资产。

通过运用运营分析和绩效评价这两个工具,企业可以更快更准确地获取数据、分析数据,从而确保业务的及时执行,以及持续提升工作时效和质量,并确保绩效评价的客观与公正。

(一) 运营分析

运营分析主要通过对共享服务中的多个应用数据 (如共享作业数据、智能审核数据、影像数据等) 进行采集,对这些数据进行明细整理与分层加工,按照共享运营的核心关注点形成工作进度、工作量、工作时效、工作质量四大主题分析,并设计相关数据报表 (图 4-12),以便为财务共享服务中心的各层级用户提供多维度的运营分析数据。

工作进度 (7个)
- 作业明细
- 作业调整明细
- 超期作业明细
- 作业调整统计
- 挂起单据明细
- 存单单据分析
- 作业人员进度统计

工作时效 (5个)
- 工作组时效分析
- 作业人员时效分析
- 整单时效分析
- 作业派单时长分析
- 审核时长异常统计

运营分析主题报表

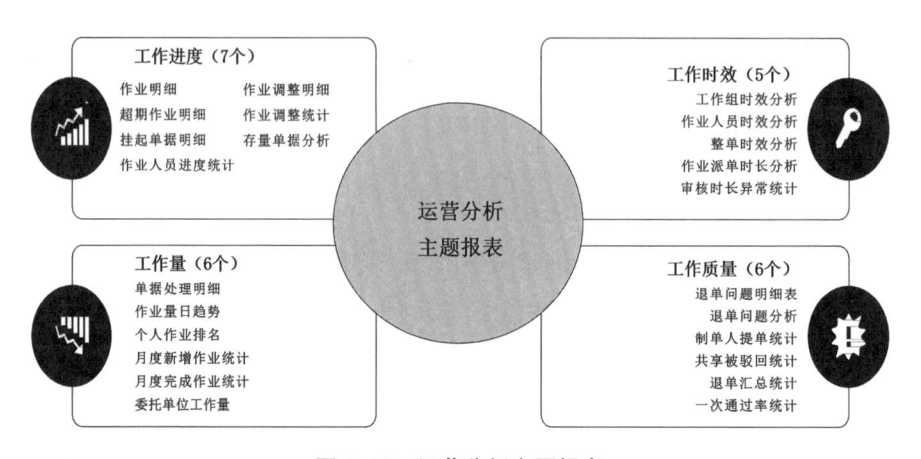

工作量 (6个)
- 单据处理明细
- 作业量日趋势
- 个人作业排名
- 月度新增作业统计
- 月度完成作业统计
- 委托单位工作量

工作质量 (6个)
- 退单问题明细表
- 退单问题分析
- 制单人提单统计
- 共享被驳回统计
- 退单汇总统计
- 一次通过率统计

图 4-12 运营分析主题报表

(二) 绩效评价

绩效评价分为组织绩效评价和个人绩效评价。组织绩效评价旨在通过多维度的指标评价一个财务共享服务中心的运营及管理水平,使其基于评价结果进行整改,从而提升财务共享服务中心的整体绩效水平。员工绩效评价则是基于不同的绩效目标创建不同的绩效体系,通过细化评价维度和评价指标,对财务共享服务中心员工进行多层次、多维度的绩效评价,并根据评价结果进行奖优惩劣,进而提升员工的绩效水平。

六、小结

财务共享服务中心的绩效管理是一个需要不断迭代与完善的持续

性过程，它要求有相应的组织保障、专职岗位的设立、科学的指标设定、有效的评价体系构建、完善的管理机制以及系统的技术支撑。这些要素共同协作，形成一套有力的激励和约束机制，从而不断提升财务共享服务中心的运营质量和水平。

附录一

关于加强中央企业财务信息化工作的通知

国资发评价〔2011〕99号

各中央企业：

近年来，中央企业积极贯彻国家信息化发展战略，深入推进财务信息化建设和应用，财务信息化水平明显提高。但随着中央企业经营规模快速扩大，产业链条不断延伸，经营业态逐步多元化，多数企业目前的财务信息化水平难以满足业务发展需要和集团管理要求，成为制约企业做强做优的重要因素。为培育具有国际竞争力的世界一流企业，认真贯彻落实国资委关于中央企业信息化工作的要求和部署，推动中央企业更好地利用信息技术提升管理水平，建立规范、高效、稳健的财务管理体系，现就加强中央企业财务信息化工作的有关事项通知如下：

一、加强财务信息化工作组织领导。企业财务信息化作为企业信息化的基础和重要组成部分，是一项复杂的系统工程，贯穿企业经营管理各个方面和环节，需要对企业的制度体系、管理框架、业务流程等进行梳理与优化，涉及范围广，工作任务重。各中央企业主要负责人要高度重视，充分认识财务信息化对变革企业管理、增强企业核心竞争力所产生的推动作用，切实加强组织领导，将财务信息化作为集团信息化的先导和突破口，由集团统一规划和组织实施，明确工作任务和要求，落实机构人员和资金，建立健全财务信息化工作组织体系。企业总会计师或分管财务工作负责人是财务信息化工作的直接责任人，在企业信息化总体框架下，与集团首席信息官或分管信息化工作负责人共同推动财务信息化各项工作深入开展。企业财务部门应当与信息化职能部门等相关部门密切配合，分工协作，组织做好规划编制、项目实施、运行维护和应用培训等工作，有效发挥财务信息化对规范企业管理、优化资源配置、防范财务风险、提升经营绩效的促进作用，不断提高企业经营管理水平。

二、科学制定财务信息化整体规划。中央企业应根据集团"十二五"发展规划，结合集团信息化纲要，按照财务管理体系建设和集团化管控需求，坚持整体规划、科学适用、成本效益、财务业务一体化等原则，统一制定集团财务信息化建设规划，明确财务信息化总体目标和分阶段任务，有计划分步骤组织实施，做到与集团整体信息化规划同步、系统集成、标准统一、信息共享。对于财务信息化水平较高的企业，应当与国际先进企业对标，结合企业实施"走出去"战略，持续优化财务信息系统功能，推进全球业务信息化、财务服务集中化；对于财务信息化水平一般、尚处于建设和完善过程中的企业，应当加强信息资源整合和不同信息系统的集成，力争在"十二五"期间建成功能完善、财务与业务相统一、运行高效安全、覆盖集团全部子企业和所有业务领域的财务信息系统；对于财务信息化基础较为薄弱的企业，应当制定适合企业经营管理特点的系统框架、软件平台和实施方案，兼顾技术先进性和操作实用性，考虑未来扩展性和系统兼容性，做好软件系统选型和网络布局，力争在"十二五"末建立满足企业经营管理需要、功能较为完善的财务信息系统。

三、夯实财务信息化基础工作。财务信息化基础工作是关系财务信息化成败的关键。中央企业应当高度重视，并认真做好制度统一、流程梳理和分类编码等标准化建设基础工作。一是应当建立健全集团统一、完善的货币资金、应收账款、存货、固定资产、在建工程、长期投资等各项资产管理制度；二是应当根据国家发布的会计准则和财务制度，统一集团会计政策、会计核算、内部交易、财务报告等各项财务会计制度；三是应当对采购、生产、销售等各个经营环节进行业务流程梳理与再造，加快财务业务一体化进程，优化和完善资金、投融资、预算、成本控制、风险预警、考核评价等管理程序；四是应当对会计科目、物资、产品、职工、客户、供应商、合同等信息进行分类整理，明确编码规则，实现统一规范编码，并形成编码手册，实施动态维护与管理。同时应当建立财务信息系统功能模块、数据存储、系统集成等标准体系，为软件集成、信息共享等系统建设奠定基础。

四、加快建设功能完善的财务信息系统。功能完善的财务信息系统至少应当包括但不限于会计集中核算、财务合并报告、资金集中管理、资产动态管理、全面预算管理、成本费用管理、财务分析与决策支持、风险管控等功能模块和子系统，各子系统之间应当实现无缝对接和信息集成，并将关键控制环节和控制要求固化于系统中，实现财务信息系统的内部控制。会计集中核算系统主要指根据集团统一的会计制度和会计科目编码，由业务驱动自动生成会计凭证、会计账簿和会计报表，并能灵活适应国家会计准则及企业会计政策变更，具备条件的企业应当在集团层面探索开展会计集中核算和共享会计服务。财务合并报告系统主要指根据内部交易抵销、投资股权折算等合并规则，提取核算系统中的会计信息，自动编制合并报告，生成各类分析统计报表，满足各部门工作报表需要，并能根据国家发布的可扩展商业报告语言（XBRL）技术规范生成报告。资金集中管理系统主要指通过与预算、核算等业务系统的有效集成，对企业现金、票据、存贷款、外汇等实施统一管控和调配，控制预算外资金支付，促进企业加快内部资金融通，提高使用效率，降低资金成本，防范资金风险。资产动态管理系统主要指对固定资产、在建工程、存货、股权投资、应收款项、无形资产等资产项目进行全流程管控，实现资产购建、财务入账、流转运行、价值变化、产权变动、报废回收、损益核算等全生命周期的动态管理。全面预算管理系统主要指对经营预算、投融资预算、资金预算、薪酬预算、财务预算等预算编制、预算审批、预算调整、预算执行监控以及预算考核评价等全过程的管理。成本费用管理系统主要指以产品、服务、项目等管理及生产运营流程为中心，通过成本费用的归集、分摊、结转、核算等过程监控，实现成本费用的计划、分析、预测、考核等控制管理。财务分析与决策支持系统主要指通过对业务部门和各级子企业财务信息的跨账簿、跨区域、跨年度等多维度的穿透查询和数据钻取，实现财务分析、行业对标、风险预警、趋势预测、绩效评价等决策支持功能，并以"仪表盘"、"驾驶舱"等图文并茂方式进行数据展现和分析报告。风险管控系统主要指根据职责分离和风险控制的要求，实现在线审计、内部控制与评价、风险防范与评估等功能。

五、深化财务信息系统应用管理。财务信息系统只有投入使用才能有效发挥促进企业规范管理、提升管理能力、提高管理效率的作用。各中央企业应当克服"重建设、轻应用"的倾向，切实抓好系统的应用管理。对已经具备上线运行条件的系统或模块，应当组织力量及时投入使用，做好数据迁移和系统初始化工作，确保数据资料连续完整和系统正常运行，并加强系统的应用培训和运行维护，定期对系统的软硬件及网络环境进行检测，对数据进行同城和异地灾备，并根据运行中出现的新情况、新问题及新需求，持续改进与优化，增强系统的适应性、扩展性和安全性。系统应用过程中，应当做到财务系统与业务系统的深度融合，防止信息孤岛和业务系统外循环。

六、强化财务信息化人才队伍建设。财务信息化是现代信息技术与企业财务管理的有机结合，跨专业领域的复合型人才是做好财务信息系统建设实施、稳定运行与深化应用的重要保障。中央企业在推进财务信息化工作中，应当高度重视财务信息化人才队伍建设，有条件的企业应当设立相应机构和专门岗位，配备既懂财务又掌握信息技术的专业人才，充实人才队伍力量，并建立激励约束机制，创建有利于人才发展的良好环境,确保人才队伍稳定。

七、认真做好财务信息系统安全保密工作。财务信息系统存储了企业经营活动形成的大量财务与业务数据,安全保密至关重要。中央企业要高度重视,切实做好国家秘密和企业商业秘密的保护工作,严格执行国家及我委有关信息安全保密规定及技术规范,要从管理制度、操作流程和安全技术等方面,在系统规划设计、建设实施与运行维护全过程中,贯彻安全保密要求,加强安全保密管理,做到保密工作与信息系统同步规划、同步设计、同步实施。对于涉及国家秘密的信息系统,企业应当选择具有国家有关部门认定的相关安全保密资质的单位进行系统开发、项目实施和运行维护,并签订保密协议,信息系统在投入使用前应当通过国家有关部门的安全保密测评。

国资委将开展对中央企业财务信息化工作的分类指导,加强交流与培训,建立中央企业财务信息化工作年度报告制度和财务信息化水平评价体系,逐步开展中央企业财务信息化评价工作,评价结果通报中央企业,并纳入国资委信息化水平评价体系。各中央企业应当结合本企业财务信息化工作开展情况,进行自我评价和总结,并于每年1月31日前向国资委(财务监督与考核评价局)报送评价总结报告,同时抄送派驻本企业监事会。

国务院国有资产监督管理委员会
2011年7月26日

附录二

财政部关于印发《企业会计信息化工作规范》的通知

财会〔2013〕20号

各省、自治区、直辖市、计划单列市财政厅(局),新疆生产建设兵团财务局,有关企业:

为推动企业会计信息化,节约社会资源,提高会计软件和相关服务质量,规范信息化环境下的会计工作,我部制定了《企业会计信息化工作规范》(以下简称工作规范)。现予印发,请遵照执行。

工作规范施行前已经投入使用的会计软件不符合工作规范要求的,应当自工作规范施行之日起3年内进行升级完善,达到要求。

附件:企业会计信息化工作规范

财政部
2013年12月6日

企业会计信息化工作规范

第一章 总 则

第一条 为推动企业会计信息化,节约社会资源,提高会计软件和相关服务质量,规范信息化环境下的会计工作,根据《中华人民共和国会计法》《财政部关于全面推进我国会计信息化工作的指导意见》(财会〔2009〕6号),制定本规范。

第二条　本规范所称会计信息化,是指企业利用计算机、网络通信等现代信息技术手段开展会计核算,以及利用上述技术手段将会计核算与其他经营管理活动有机结合的过程。

本规范所称会计软件,是指企业使用的,专门用于会计核算、财务管理的计算机软件、软件系统或者其功能模块。会计软件具有以下功能:

(一)为会计核算、财务管理直接采集数据;

(二)生成会计凭证、账簿、报表等会计资料;

(三)对会计资料进行转换、输出、分析、利用。

本规范所称会计信息系统,是指由会计软件及其运行所依赖的软硬件环境组成的集合体。

第三条　企业(含代理记账机构,下同)开展会计信息化工作,软件供应商(含相关咨询服务机构,下同)提供会计软件和相关服务,适用本规范。

第四条　财政部主管全国企业会计信息化工作,主要职责包括:

(一)拟订企业会计信息化发展政策;

(二)起草、制定企业会计信息化技术标准;

(三)指导和监督企业开展会计信息化工作;

(四)规范会计软件功能。

第五条　县级以上地方人民政府财政部门管理本地区企业会计信息化工作,指导和监督本地区企业开展会计信息化工作。

第二章　会计软件和服务

第六条　会计软件应当保障企业按照国家统一会计准则制度开展

会计核算，不得有违背国家统一会计准则制度的功能设计。

第七条 会计软件的界面应当使用中文并且提供对中文处理的支持，可以同时提供外国或者少数民族文字界面对照和处理支持。

第八条 会计软件应当提供符合国家统一会计准则制度的会计科目分类和编码功能。

第九条 会计软件应当提供符合国家统一会计准则制度的会计凭证、账簿和报表的显示和打印功能。

第十条 会计软件应当提供不可逆的记账功能，确保对同类已记账凭证的连续编号，不得提供对已记账凭证的删除和插入功能，不得提供对已记账凭证日期、金额、科目和操作人的修改功能。

第十一条 鼓励软件供应商在会计软件中集成可扩展商业报告语言（XBRL）功能，便于企业生成符合国家统一标准的 XBRL 财务报告。

第十二条 会计软件应当具有符合国家统一标准的数据接口，满足外部会计监督需要。

第十三条 会计软件应当具有会计资料归档功能，提供导出会计档案的接口，在会计档案存储格式、元数据采集、真实性与完整性保障方面，符合国家有关电子文件归档与电子档案管理的要求。

第十四条 会计软件应当记录生成用户操作日志，确保日志的安全、完整，提供按操作人员、操作时间和操作内容查询日志的功能，并能以简单易懂的形式输出。

第十五条 以远程访问、云计算等方式提供会计软件的供应商，应当在技术上保证客户会计资料的安全、完整。对于因供应商原因造成客户会计资料泄露、毁损的，客户可以要求供应商承担赔偿责任。

第十六条 客户以远程访问、云计算等方式使用会计软件生成的电子会计资料归客户所有。

软件供应商应当提供符合国家统一标准的数据接口供客户导出电子会计资料，不得以任何理由拒绝客户导出电子会计资料的请求。

第十七条 以远程访问、云计算等方式提供会计软件的供应商,应当做好本厂商不能维持服务情况下,保障企业电子会计资料安全以及企业会计工作持续进行的预案,并在相关服务合同中与客户就该预案做出约定。

第十八条 软件供应商应当努力提高会计软件相关服务质量,按照合同约定及时解决用户使用中的故障问题。

会计软件存在影响客户按照国家统一会计准则制度进行会计核算问题的,软件供应商应当为用户免费提供更正程序。

第十九条 鼓励软件供应商采用呼叫中心、在线客服等方式为用户提供实时技术支持。

第二十条 软件供应商应当就如何通过会计软件开展会计监督工作,提供专门教程和相关资料。

第三章 企业会计信息化

第二十一条 企业应当充分重视会计信息化工作,加强组织领导和人才培养,不断推进会计信息化在本企业的应用。

除本条第三款规定外,企业应当指定专门机构或者岗位负责会计信息化工作。

未设置会计机构和配备会计人员的企业,由其委托的代理记账机构开展会计信息化工作。

第二十二条 企业开展会计信息化工作,应当根据发展目标和实际需要,合理确定建设内容,避免投资浪费。

第二十三条 企业开展会计信息化工作,应当注重信息系统与经营环境的契合,通过信息化推动管理模式、组织架构、业务流程的优化与革新,建立健全适应信息化工作环境的制度体系。

第二十四条 大型企业、企业集团开展会计信息化工作,应当注重整体规划,统一技术标准、编码规则和系统参数,实现各系统的有机整合,消除信息孤岛。

第二十五条 企业配备的会计软件应当符合本规范第二章要求。

第二十六条 企业配备会计软件,应当根据自身技术力量以及业务需求,考虑软件功能、安全性、稳定性、响应速度、可扩展性等要求,合理选择购买、定制开发、购买与开发相结合等方式。

定制开发包括企业自行开发、委托外部单位开发、企业与外部单位联合开发。

第二十七条 企业通过委托外部单位开发、购买等方式配备会计软件,应当在有关合同中约定操作培训、软件升级、故障解决等服务事项,以及软件供应商对企业信息安全的责任。

第二十八条 企业应当促进会计信息系统与业务信息系统的一体化,通过业务的处理直接驱动会计记账,减少人工操作,提高业务数据与会计数据的一致性,实现企业内部信息资源共享。

第二十九条 企业应当根据实际情况,开展本企业信息系统与银行、供应商、客户等外部单位信息系统的互联,实现外部交易信息的集中自动处理。

第三十条 企业进行会计信息系统前端系统的建设和改造,应当安排负责会计信息化工作的专门机构或者岗位参与,充分考虑会计信息系统的数据需求。

第三十一条 企业应当遵循企业内部控制规范体系要求,加强对会计信息系统规划、设计、开发、运行、维护全过程的控制,将控制过程和控制规则融入会计信息系统,实现对违反控制规则情况的自动防范和监控,提高内部控制水平。

第三十二条 对于信息系统自动生成、且具有明晰审核规则的会计凭证,可以将审核规则嵌入会计软件,由计算机自动审核。未经自动审核的会计凭证,应当先经人工审核再行后续处理。

第三十三条 处于会计核算信息化阶段的企业,应当结合自身情况,逐步实现资金管理、资产管理、预算控制、成本管理等财务管理信息化。

处于财务管理信息化阶段的企业,应当结合自身情况,逐步实现财务分析、全面预算管理、风险控制、绩效考核等决策支持信息化。

第三十四条 分公司、子公司数量多、分布广的大型企业、企业集团应当探索利用信息技术促进会计工作的集中,逐步建立财务共享服务中心。

实行会计工作集中的企业以及企业分支机构,应当为外部会计监督机构及时查询和调阅异地储存的会计资料提供必要条件。

第三十五条 外商投资企业使用的境外投资者指定的会计软件或者跨国企业集团统一部署的会计软件,应当符合本规范第二章要求。

第三十六条 企业会计信息系统数据服务器的部署应当符合国家有关规定。数据服务器部署在境外的,应当在境内保存会计资料备份,备份频率不得低于每月一次。境内备份的会计资料应当能够在境外服务器不能正常工作时,独立满足企业开展会计工作的需要以及外部会计监督的需要。

第三十七条 企业会计资料中对经济业务事项的描述应当使用中文,可以同时使用外国或者少数民族文字对照。

第三十八条 企业应当建立电子会计资料备份管理制度,确保会计资料的安全、完整和会计信息系统的持续、稳定运行。

第三十九条 企业不得在非涉密信息系统中存储、处理和传输涉及国家秘密,关系国家经济信息安全的电子会计资料;未经有关主管部门批准,不得将其携带、寄运或者传输至境外。

第四十条 企业内部生成的会计凭证、账簿和辅助性会计资料,同时满足下列条件的,可以不输出纸面资料:

(一)所记载的事项属于本企业重复发生的日常业务;

(二)由企业信息系统自动生成;

（三）可及时在企业信息系统中以人类可读形式查询和输出；

（四）企业信息系统具有防止相关数据被篡改的有效机制；

（五）企业对相关数据建立了电子备份制度，能有效防范自然灾害、意外事故和人为破坏的影响；

（六）企业对电子和纸面会计资料建立了完善的索引体系。

第四十一条　企业获得的需要外部单位或者个人证明的原始凭证和其他会计资料，同时满足下列条件的，可以不输出纸面资料：

（一）会计资料附有外部单位或者个人的、符合《中华人民共和国电子签名法》的可靠的电子签名；

（二）电子签名经符合《中华人民共和国电子签名法》的第三方认证；

（三）满足第四十条第（一）项、第（三）项、第（五）项和第（六）项规定的条件。

第四十二条　企业会计资料的归档管理，遵循国家有关会计档案管理的规定。

第四十三条　实施企业会计准则通用分类标准的企业，应当按照有关要求向财政部报送 XBRL 财务报告。

第四章　监　督

第四十四条　企业使用会计软件不符合本规范要求的，由财政部门责令限期改正。限期不改的，财政部门应当予以公示，并将有关情况通报同级相关部门或其派出机构。

第四十五条　财政部采取组织同行评议，向用户企业征求意见等方式对软件供应商提供的会计软件遵循本规范的情况进行检查。

省、自治区、直辖市人民政府财政部门发现会计软件不符合本规范规定的，应当将有关情况报财政部。

任何单位和个人发现会计软件不符合本规范要求的，有权向所在地省、自治区、直辖市人民政府财政部门反映,财政部门应当根据反映开展调查,并按本条第二款规定处理。

第四十六条 软件供应商提供的会计软件不符合本规范要求的,财政部可以约谈该供应商主要负责人,责令限期改正。限期内未改正的,由财政部予以公示,并将有关情况通报相关部门。

第五章 附 则

第四十七条 省、自治区、直辖市人民政府财政部门可以根据本规范制定本地区具体实施办法。

第四十八条 自本规范施行之日起,《会计核算软件基本功能规范》(财会字〔1994〕27 号)、《会计电算化工作规范》(财会字〔1996〕17 号)不适用于企业及其会计软件。

第四十九条 本规范自 2014 年 1 月 6 日起施行,1994 年 6 月 30 日财政部发布的《商品化会计核算软件评审规则》(财会字〔1994〕27 号)、《会计电算化管理办法》(财会字〔1994〕27 号)同时废止。

附录三

财政部关于全面推进管理会计体系建设的指导意见

财会〔2014〕27号

为贯彻落实党的十八大和十八届三中全会精神,深入推进会计强国战略,全面提升会计工作总体水平,推动经济更有效率、更加公平、更可持续发展,根据《会计改革与发展"十二五"规划纲要》,现就全面推进管理会计体系建设提出以下指导意见。

一、全面推进管理会计体系建设的重要性和紧迫性

管理会计是会计的重要分支,主要服务于单位(包括企业和行政事业单位,下同)内部管理需要,是通过利用相关信息,有机融合财务与业务活动,在单位规划、决策、控制和评价等方面发挥重要作用的管理活动。管理会计工作是会计工作的重要组成部分。改革开放以来,特别是市场经济体制建立以来,我国会计工作紧紧围绕服务经济财政工作大局,会计改革与发展取得显著成绩:会计准则、内控规范、会计信息化等会计标准体系基本建成,并得到持续平稳有效实施;会计人才队伍建设取得显著成效;注册会计师行业蓬勃发展;具有中国特色的财务会计理论体系初步形成。但是,中国管理会计发展相对滞后,迫切要求继续深化会计改革,切实加强管理会计工作。

同时,党的十八届三中全会对全面深化改革做出了总体部署,建立现代财政制度、推进国家治理体系和治理能力现代化已经成为财政改革的重要方向;建立和完善现代企业制度,增强价值创造力已经成为企业的内在需要;推进预算绩效管理、建立事业单位法人治理结构,已经成为行政事业单位的内在要求。这就要求财政部门顺时应势,大力发展管理会计。

因此,全面推进管理会计体系建设,是建立现代财政制度、推进国家治理体系和治理能力现代化的重要举措;是推动企业建立、完善现代企业制度,推动事业单位加强治理的重要制度安排;是激发管理活力,增强企业价值创造力,推进行政事业单位加强预算绩效管理、决算分析和评价的重要手段;是财政部门更好发挥政府作用,进一步深化会计改革,推动会计人才上水平、会计工作上层次、会计事业上台阶的重要方向。

二、指导思想、基本原则和主要目标

(一)指导思想。

以邓小平理论、"三个代表"重要思想、科学发展观为指导,深入贯彻习近平总书记系列重要讲话精神,根据经济社会发展要求,突出实务导向,全面推进管理会计体系建设,科学谋划管理会计发展战略,合理构建政府、社会、单位协同机制,以管理会计人才建设为依托,统筹推进管理会计各项建设,为经济社会健康发展提供有力支持。

(二)基本原则。

——坚持立足国情,借鉴国际。既系统总结自主创新和有益实践,又学习借鉴国际先进理念和经验做法,形成中国特色管理会计体系。

——坚持人才带动,整体推进。紧紧抓住管理会计人才匮乏这一关键问题,通过改进和加强会计人才队伍建设,培养一批适应需要的管理会计人才,带动管理会计发展。同时,整体推进管理会计理论体系、指引体系、信息化建设等工作。

——坚持创新机制,协调发展。注重管理会计改革的系统性、整体性、协同性,重视财政部门在管理会计改革中的指导和推动作用,发挥有关会计团体在管理会计改革中的行业支持作用,突出各单位在管理会计改革中的主体作用。

——坚持因地制宜,分类指导。充分考虑各单位不同性质、不同行业、不同规模、不同发展阶段等因素,从实际出发,推动管理会计工作有序开展。

(三)主要目标。

建立与我国社会主义市场经济体制相适应的管理会计体系。争取3～5年内,在全国培养出一批管理会计人才;力争通过5～10年左右的努力,中国特色的管理会计理论体系基本形成,管理会计指引体系基本建成,管理会计人才队伍显著加强,管理会计信息化水平显著提高,管理会计咨询服务市场显著繁荣,使我国管理会计接近或达到世界先进水平。

三、主要任务和措施

(一)推进管理会计理论体系建设。推动加强管理会计基本理论、概念框架和工具方法研究,形成中国特色的管理会计理论体系。

一是整合科研院校、单位等优势资源,推动形成管理会计产学研联盟,协同创新,支持管理会计理论研究和成果转化。

二是加大科研投入,鼓励科研院校、国家会计学院等建立管理会计研究基地,在系统整合理论研究资源、总结提炼实践做法经验、研究开发管理会计课程和案例、宣传推广管理会计理论和先进做法等方面,发挥综合示范作用。

三是推动改进现行会计科研成果评价方法,切实加强管理会计理论和实务研究。

四是充分发挥有关会计团体在管理会计理论研究中的具体组织、推动作用,及时宣传管理会计理论研究成果,提升我国管理会计理论研究的国际影响力。

(二)推进管理会计指引体系建设。形成以管理会计基本指引为统领、以管理会计应用指引为具体指导、以管理会计案例示范为补充的管理会计指引体系。

一是在课题研究的基础上,组织制定管理会计指引体系,推动其有效应用。

二是建立管理会计专家咨询机制,为管理会计指引体系的建设和应用等提供咨询。

三是鼓励单位通过与科研院校合作等方式,及时总结、梳理管理会计实践经验,组织建立管理会计案例库,为管理会计的推广应用提供示范。

(三)推进管理会计人才队伍建设。推动建立管理会计人才能力框架,完善现行会计人才评价体系。

一是将管理会计知识纳入会计人员和注册会计师继续教育、大中型企事业单位总会计师素质提升工程和会计领军(后备)人才培养工程。

二是推动改革会计专业技术资格考试和注册会计师考试内容,适当增加管理会计专业知识的比重。

三是鼓励高等院校加强管理会计课程体系和师资队伍建设,加强管理会计专业方向建设和管理会计高端人才培养,与单位合作建立管理会计人才实践培训基地,不断优化管理会计人才培养模式。

四是探索管理会计人才培养的其他途径。五是推动加强管理会计国际交流与合作。

(四)推进面向管理会计的信息系统建设。指导单位建立面向管理会计的信息系统,以信息化手段为支撑,实现会计与业务活动的有机融合,推动管理会计功能的有效发挥。

一是鼓励单位将管理会计信息化需求纳入信息化规划,从源头上防止出现"信息孤岛",做好组织和人力保障,通过新建或整合、改造现有系统等方式,推动管理会计在本单位的有效应用。

二是鼓励大型企业和企业集团充分利用专业化分工和信息技术优

势,建立财务共享服务中心,加快会计职能从重核算到重管理决策的拓展,促进管理会计工作的有效开展。

三是鼓励会计软件公司和有关中介服务机构拓展管理会计信息化服务领域。

四、工作要求

(一)加强组织领导。各级财政部门要高度重视,将管理会计工作纳入会计改革与发展规划,统筹安排,稳步推进;要切实加强对管理会计工作的统一领导,加强与有关监管部门的协作,建立联合工作机制,推动管理会计工作有效开展。有关会计团体要按照财政部门统一部署,大力开展管理会计理论研究、宣传培训、人才培养等工作。各单位负责人要切实履行会计工作职责,将管理会计工作纳入本单位整体战略,周密部署,积极稳妥地推进。

(二)加强工作指导。财政部要通过本指导意见,科学谋划、整体推进管理会计体系建设,引导、推动社会有关力量共同推进管理会计工作;要制定发布管理会计指引体系,总结国内外管理会计典型案例,组织编写管理会计系列辅导材料,以指导各单位开展管理会计工作。各级财政部门要组织管理会计经验交流和示范推广;要制定具体措施,加强对本地区管理会计工作的指导。

(三)加强宣传培训。各级财政部门要充分利用各种媒体,采取多种形式,加强对管理会计的宣传,营造管理会计发展的良好环境;要抓紧制定管理会计人才培养方案,推进管理会计人才培养工作;要将管理会计纳入会计继续教育内容,予以重点推进;要充分发挥有关会计团体、国家会计学院的主渠道作用,重视发挥有关高等院校、社会培训机构的重要作用。有关会计团体要通过在杂志开辟专栏、组织会员交流等多种途径,加强对会员的宣传。各单位要重视加强本单位会计人员对管理会计知识的学习和应用,大力培养适用的管理会计人才。

(四)加强跟踪服务。各级财政部门要抓好本指导意见的贯彻落实工作，及时了解管理会计工作推进情况，建立信息交流制度，编发信息简报，做好跟踪分析；要积极培育管理会计咨询服务市场，支持、指导、规范包括注册会计师行业在内的会计服务机构开展管理会计咨询服务业务，将其纳入现代会计服务市场体系整体推进，引导会计服务机构加强自身建设和管理会计研发投入力度、拓展会计服务领域、提升会计服务层次，满足市场对管理会计咨询服务的需要，营造良好的管理会计咨询服务市场环境。

财政部
2014 年 10 月 27 日

附录四

关于印发《会计信息化发展规划（2021—2025 年）》的通知

财会〔2021〕36 号

国务院有关部委、有关直属机构，各省、自治区、直辖市、计划单列市财政厅（局），新疆生产建设兵团财政局，财政部各地监管局，有关单位：

为科学规划、全面指导"十四五"时期会计信息化工作，根据《会计改革与发展"十四五"规划纲要》（财会〔2021〕27 号）的总体部署，我部制定了《会计信息化发展规划（2021—2025 年）》。现印发你们，请认真贯彻执行。

各地区、各部门制定的本地区（部门）的会计信息化发展规划或实施方案及进展情况，请及时报我部（会计司）。

附件：《会计信息化发展规划（2021—2025 年）》

财政部
2021 年 12 月 30 日

会计信息化发展规划（2021—2025 年）

为科学规划"十四五"时期会计信息化工作，指导国家机关、企业、事业单位、社会团体和其他组织（以下统称单位）应用会计数据标准，推进会计数字化转型，支撑会计职能拓展，推动会计信息化工作向更高水平迈进,根据《中华人民共和国国民经济和社会发展第十四个五年规划和2035年远景目标纲要》《财政"十四五"规划》和《会计改革与发展"十四五"规划纲要》有关精神,制定本规划。

一、面临的形势与挑战

(一)"十三五"时期会计信息化工作回顾。

——会计信息化建设有序推进,夯实了会计转型升级基础。各单位积极推进会计信息化建设,部分单位实现了会计核算的集中和共享处理,推动会计工作从传统核算型向现代管理型转变。单位内部控制嵌入信息系统的程度不断提升,为实施精准有效的内部会计监督奠定了基础。

——业财融合程度逐步加强,提升了单位经营管理水平。会计信息系统得到普遍推广应用,为单位会计核算工作提供了有力保障。企业资源计划(ERP)逐步普及,促进了会计信息系统与业务信息系统的初步融合,有效提升了单位服务管理效能和经营管理水平。

——新一代信息技术得到初步应用,推动了会计工作创新发展。大数据、人工智能、移动互联、云计算、物联网、区块链等新技术在会计工作中得到初步应用,智能财务、财务共享等理念以及财务机器人等自动化工具逐步推广,优化了会计机构组织形式,拓展了会计人员工作职能,提升了会计数据的获取和处理能力。

——电子会计资料逐步推广,促进了会计信息深度应用。企业会计准则通用分类标准持续修订完善,在国资监管、保险监管等领域有效实施;修订《会计档案管理办法》,出台电子会计凭证报销入账归档相关规定,推动电子会计资料普遍推广,促进了会计信息的深度应用。

在会计信息化工作取得一定成效的同时,还应当正视存在的问题和不足,主要表现在:会计信息化发展水平不均衡,部分单位会计信息系统仅满足传统会计核算需要,未能对业务和管理形成支撑和驱动,业财融合程度有待进一步加强;有些行业和单位仍存在"信息孤岛"现象,会计数据未能有效共享,无法充分发挥会计数据作用;会计数据标准尚未完全统一,制约了会计数字化转型进程,未能对会计、审计工作起到应有的支撑作用;对会计信息安全的实践和理论研究不够,会计信息化工作的创新发展受到制约;社会合力推进会计信息化的氛围不浓,会计信息化对会计职能拓展的支撑不够有力;会计信息化资金投入和人才培养不足。这些问题需要在"十四五"时期切实加以解决。

(二)"十四五"时期会计信息化工作面临的形势与挑战。

——经济社会数字化转型全面开启。随着大数据、人工智能等新技术创新迭代速度加快,经济社会数字化转型全面开启,对会计信息化实务和理论提出了新挑战,也提供了新机遇。运用新技术推动会计工作数字化转型,需要加快解决标准缺失、制度缺位、人才缺乏等问题。

——单位业财融合需求更加迫切。一方面,业务创新发展和新技术创新迭代不断提出新的业财融合需求;另一方面,多数单位业财融合仍处于起步或局部应用阶段,推动业财深度融合的需求较为迫切。

——会计数据要素日益重要。随着数字经济和数字社会发展,数据已经成为五大生产要素之一。会计数据要素是单位经营管理的重要资源。通过将零散的、非结构化的会计数据转变为聚合的、结构化的会计数据要素,发挥其服务单位价值创造功能,是会计工作实现数字化转型的重要途径。进一步提升会计数据要素服务单位价值创造的能力是会计数字化转型面临的主要挑战。

——会计数据安全风险不容忽视。随着基于网络环境的会计信息系统的广泛应用,会计数据在单位内部、各单位之间共享和使用,会计数据传输、存储等环节存在数据泄露、篡改及损毁的风险,会计信息系统和会计数据安全风险不断上升,需要采取有效的防范措施。

二、总体要求

(一)指导思想。

以习近平新时代中国特色社会主义思想为指导,全面贯彻党的十九大和十九届历次全会精神,立足新发展阶段,完整、准确、全面贯彻新发展理念,构建新发展格局,推动高质量发展,紧紧围绕服务经济社会发展大局和财政管理工作全局,积极支持加快数字化发展、建设数字中国,提升会计信息化水平,推动会计数字化转型,构建形成国家会计信息化发展体系,充分发挥会计信息在服务宏观经济管理、政府监管、会计行业管理、单位内部治理中的重要支撑作用。

(二)基本原则。

——立足大局、服务发展。准确把握全球信息化脉搏和趋势,贯彻落实国家有关信息化、数字化、智能化发展战略部署,服务我国经济社会发展、财政管理工作、会计管理工作和单位会计数字化转型。

——问题导向、精准发力。直面"十三五"期间会计信息化发展中的痛点难点问题,充分把握新时代会计数字化转型的新形势、新机遇,集中力量解决会计信息化进程中面临的重点难点问题。

——统筹谋划、分步实施。坚持系统化发展理念,注重统筹谋划、合理布局,坚持重点突破、分步实施,逐步建立会计信息化可持续协调发展的长效机制。

——鼓励创新、包容共享。以技术和管理创新为动力,鼓励社会各方在符合相关法律、法规和制度的前提下,利用新一代信息技术开展各种会计信息化应用探索,促进会计信息化工作创新发展。

——稳妥有序、确保安全。在全国会计信息化水平仍不均衡的条件下,推动各地区、各部门根据不同发展阶段实际需要,有序开展会计信息化建设。加强会计信息安全风险防范,确保我国会计信息系统总体安全。

(三)总体目标。

"十四五"时期,我国会计信息化工作的总体目标是:服务我国经济社会发展大局和财政管理工作全局,以信息化支撑会计职能拓展为主线,以标准化为基础,以数字化为突破口,引导和规范我国会计信息化数据标准、管理制度、信息系统、人才建设等持续健康发展,积极推动会计数字化转型,构建符合新时代要求的国家会计信息化发展体系。

——会计数据标准体系基本建立。结合国内外会计行业发展经验以及我国会计数字化转型需要,会同相关部门逐步建立健全覆盖会计信息系统输入、处理、输出等各环节的会计数据标准,形成较为完整的会计数据标准体系。

——会计信息化制度规范持续完善。落实《中华人民共和国会计法》等国家相关法律法规的新要求,顺应会计工作应用新技术的需要,完善会计信息化工作规范、软件功能规范等配套制度规范,健全会计信息化安全管理制度和安全技术标准。

——会计数字化转型升级加快推进。加快推动单位会计工作、注册会计师审计工作和会计管理工作数字化转型。鼓励各部门、各单位探索会计数字化转型的实现路径,运用社会力量和市场机制,逐步实现全社会会计信息化应用整体水平的提升。

——会计数据价值得到有效发挥。提升会计数据的质量、价值与可用性,探索形成服务价值创造的会计数据要素,有效发挥会计数据在经济资源配置和单位内部管理中的作用,支持会计职能对内对外拓展。

——会计监管信息实现互通共享。通过数据标准、信息共享机制和信息交换平台等方面的基础建设,在安全可控的前提下,初步实现监管部门间会计监管数据的互通和共享,提升监管效率,形成监管合力。

——会计信息化人才队伍不断壮大。完善会计人员信息化方面能力框架,丰富会计人员信息化继续教育内容,创新会计信息化人才培养方式,打造懂会计、懂业务、懂信息技术的复合型会计信息化人才队伍。

三、主要任务

(一)加快建立会计数据标准体系,推动会计数据治理能力建设。

统筹规划、制定和实施覆盖会计信息系统输入、处理和输出等环节的会计数据标准,为会计数字化转型奠定基础。

——在输入环节,加快制定、试点和推广电子凭证会计数据标准,统筹解决电子票据接收、入账和归档全流程的自动化、无纸化问题。到"十四五"时期末,实现电子凭证会计数据标准对主要电子票据类型的有效覆盖。

——在处理环节,探索制定财务会计软件底层会计数据标准,规范会计核算系统的业务规则和技术标准,并在一定范围进行试点,满足各单位对会计信息标准化的需求,提升相关监管部门获取会计数据生产系统底层数据的能力。

——在输出环节,推广实施企业财务报表会计数据标准,推动企业向不同监管部门报送的各种报表中的会计数据口径尽可能实现统一,降低编制及报送成本、提高报表信息质量,增强会计数据共享水平,提升监管效能。

(二)制定会计信息化工作规范和软件功能规范,进一步完善配套制度机制。

推动修订《中华人民共和国会计法》,为单位开展会计信息化建设、推动会计数字化转型提供法制保障。完善会计信息化工作规范和财务软件功能规范,规范信息化环境下的会计工作,提高财务软件质量,为会计数字化转型提供制度支撑。探索建立会计信息化工作分级分类评估制度和财务软件功能第三方认证制度,督促单位提升会计信息化水平,推动会计数据标准全面实施。

(三)深入推动单位业财融合和会计职能拓展,加快推进单位会计工作数字化转型。

通过会计信息的标准化和数字化建设,推动单位深入开展业财融合,充分运用各类信息技术,探索形成可扩展、可聚合、可比对的会计数据要素,提升数据治理水平。夯实单位应用管理会计的数据基础,助推单位开展个性化、有针对性的管理会计活动,加强绩效管理,增强价值创造力。完善内部控制制度的信息化配套建设,推动内部控制制度有效实施。推动乡镇街道等基层单位运用信息化手段,提升内部控制水平。发挥会计信息化在单位可持续报告编报中的作用,加强社会责任管理。

(四)加强函证数字化和注册会计师审计报告防伪等系统建设,积极推进审计工作数字化转型。

围绕注册会计师行业审计数据采集、审计报告电子化、行业管理服务数据、电子签章与证照等领域,构建注册会计师行业数据标准体系。鼓励会计师事务所积极探索全流程的智能审计作业平台及辅助工具,逐步实现远程审计、大数据审计和智能审计。大力推进审计函证数字化工作,制定、完善审计函证业务规范和数据标准,加快函证集中处理系统建设,鼓励函证数字平台发展和规范、有序、安全运行。探索建立审计报告单一来源制度,推动实现全国范围"一码通",从源头上治理虚假审计报告问题。

(五)优化整合各类会计管理服务平台,切实推动会计管理工作数字化转型。

优化全国统一的会计人员管理服务平台,完善会计人员信用信息,有效发挥平台的监督管理和社会服务作用。构建注册会计师行业统一监管信息平台,加强日常监测,提升监管效率和水平,加大信息披露力度。升级全国代理记账机构管理系统,实现对行业发展状况的实时动态跟踪,完善对代理记账机构的奖惩信息公示,提升事中事后监管效能。系统重塑会计管理服务平台,稳步推进会计行业管理信息化建设,运用会计行业管理大数据,为国家治理体系和治理能力现代化提供数据支撑。

(六)加速会计数据要素流通和利用,有效发挥会计信息在服务资源配置和宏观经济管理中的作用。

以会计数据标准为抓手,支持各类票据电子化改革,推进企业财务报表数字化,推动企业会计信息系统数据架构趋于一致,制定实施小微企业会计数据增信标准,助力缓解融资难、融资贵问题,促进会计数据要素的流通和利用,发挥会计信息在资源配置中的支撑作用。利用大数据等技术手段,加强会计数据与相关数据的整合分析,及时反映宏观经济总体运行状况及发展趋势,为财政政策、产业发展政策以及宏观经济管理决策提供参考,发挥会计信息对宏观经济管理的服务作用。

(七)探索建立共享平台和协同机制,推动会计监管信息的互通共享。

积极推动会计数据标准实施,在安全可控的前提下,探索建立跨部门的会计信息交换机制和共享平台。到"十四五"时期末,初步实现各监管部门在财务报表数据层面和关键数据交换层面上的数据共享和互认,基本实现财务报表数据的标准化、结构化和单一来源,有效降低各监管部门间数据交换和比对核实的成本,提升监管效能。

(八)健全安全管理制度和安全技术标准,加强会计信息安全和跨境会计信息监管。

坚持积极防御、综合防范的方针,在全面提高单位会计信息安全防护能力的同时,重点保障各部门监管系统中会计信息的安全。针对不同类型的单位,建立健全会计信息分级分类安全管理制度、安全技术标准和监控体系,加强对会计信息系统的审计,建立信息安全的有效保障机制和应急处理机制。探索跨境会计信息监管标准、方法和路径,防止境内外有关机构和个人通过违法违规和不当手段获取、传输会计信息,切实保障国家信息安全。

(九)加强会计信息化人才培养,繁荣会计信息化理论研究。

各单位要加强复合型会计信息化人才培养,高等院校要适当增加会计信息化课程内容的比重,加大会计信息化人才培养力度。在会计人员能力框架、会计专业技术资格考试大纲、会计专业高等和职业教育大纲中增加对会计信息化和会计数字化转型的能力要求。推动理论界研究会计数字化转型的理论与实践、机遇与挑战、安全与伦理等基础问题,研究国家会计数据管理体系等重大课题,开展会计信息化应用案例交流,形成一批能引领时代发展的会计信息化研究成果。

四、实施保障

(一)强化组织领导,明确职责分工。

财政部要加强与中央有关主管部门的统筹协调,建立健全运行高效、职能明确、分工清晰的会计信息化工作机制,实现政策制定和政策实施的联动协调,形成推进合力。有条件的地区(部门)可以结合实际,制定本地区(部门)的会计信息化发展规划或实施方案,切实将规划各项任务落到实处。注册会计师协会要以行业信息化战略为引领,指导和推动会计师事务所数字化转型,推进行业高质量发展。充分发挥全国会计信息化标准化技术委员会的作用,加快制定会计信息化国家标准。

(二)精心推动实施,形成工作合力。

单位负责人是本单位会计信息化工作的第一责任人,总会计师(或分管财务会计工作负责人)和财务会计部门要落实分管责任和具体责任。各单位要结合实际需要,制定会计信息化工作方案,加强组织实施和经费保障,切实推动本单位会计信息化工作。代理记账机构要积极探索会计资源共享服务理念,探索打造以会计数据为核心的数据聚合平台,支持中小微企业会计数据价值创造。财务软件和相关咨询行业要切实加强对会计信息化系列软件产品的研发,探索新技术在会计信息化工作中的具体应用,积极助力会计数字化转型。中国会计学会等专业学会协会和理论界要加强会计信息化最新理论研究,为会计数字化转型提供智力支持。

(三)加强监督考核,确保落地见效。

各级财政部门和中央有关主管部门要对规划确定的目标任务进行细化分解,明确进度,落实责任,加强对会计信息化建设的指导、督促与落实。要定期检查、评估规划的落实情况,推广先进经验,针对存在问题及时采取有效措施,确保会计信息化规划确定的各项目标任务落到实处、取得实效。

附图1　国家会计信息化发展体系图

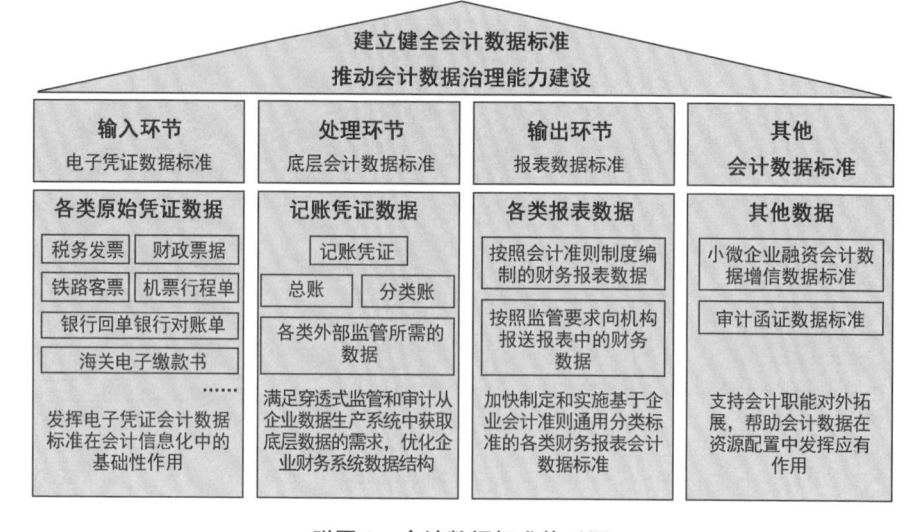

附图2　会计数据标准体系图

附录四 关于印发《会计信息化发展规划（2021—2025 年）》的通知

附表1 "十四五"时期会计信息化发展指标表

指标	指标值	属性
1. 应用电子凭证会计数据标准的原始凭证类型占所有原始凭证类型的比例	50%	预期性
2. 应用电子凭证会计数据标准的单位数量占非手工会计核算单位数量的比例	50%	预期性
3. 数字化银行函证数量占所有银行函证数量的比例	60%	预期性
4. 纳入审计报告防伪系统的审计报告数量占所有审计报告数量的比例	100%	预期性

附录五

关于中央企业加快建设世界一流财务管理体系的指导意见

国资发财评规〔2022〕23号

各中央企业：

财务管理是企业管理的中心环节，是企业实现基业长青的重要基础和保障。近年来，中央企业认真贯彻落实党中央、国务院决策部署，高度重视财务管理工作，持续优化管理手段，不断创新管理模式，积极应用先进管理工具，财务报告、全面预算、资金管理、财务信息化、财务内控、财会队伍建设等工作取得显著成效，前瞻性、有效性稳步增强，规范化、标准化明显提高，有力支撑了中央企业持续健康发展。同时也要看到，部分中央企业集团化财务管控建设不到位、财务管理功能发挥不充分、财务管理手段落后于技术进步，与新时期中央企业高质量发展目标不匹配、不适应。为推动中央企业进一步提升财务管理能力水平，加快建设世界一流财务管理体系，现提出如下意见。

一、总体要求

以习近平新时代中国特色社会主义思想为指导，深入贯彻落实习近平总书记关于国有企业改革发展和党的建设重要论述，全面贯彻党的十九大和十九届历次全会精神，完整、准确、全面贯彻新发展理念，服务构建新发展格局，以高质量发展为主题，以深化供给侧结构性改革为主线，以更好履行经济责任、政治责任、社会责任为目标，坚定不移做强做优做大国有资本和国有企业,推动财务管理理念变革、组织变革、机制变革、手段变革,更好统筹发展和安全,更加注重质量和效率,更加突出"支撑战略、支持决策、服务业务、创造价值、防控风险"功能作用,以"规范、精益、集约、稳健、高效、智慧"为标准,以数字技术与财务管理深度融合为抓手,固根基、强职能、优保障,加快构建世界一流财务管理体系,有力支撑服务国家战略,有力支撑建设世界一流企业,有力支撑增强国有经济竞争力、创新力、控制力、影响力、抗风险能力。通过5年左右的努力,中央企业整体财务管理水平明显跃上新台阶,通过10～15年左右的努力,绝大多数中央企业建成与世界一流企业相适应的世界一流财务管理体系,一批中央企业财务管理水平位居世界前列。

二、着力推动四个变革

(一)推动财务管理理念变革。

——立足实际。借鉴先进但不照搬照抄,坚持独立自主、贴合自身,建立与企业行业特点、愿景文化、战略规划、发展阶段、组织架构相适应,与中国特色现代企业制度相匹配的财务管理体系。

——守正创新。既要坚守"支撑战略、支持决策、服务业务、创造价值、防控风险"的基本功能定位,更要积极顺应内外部环境变化,着眼未来,主动变革,把财务管理转型升级放到国资国企改革发展大局中去谋划、去推动。

——开放协同。对内深化业财融合、产融协同,对外保持与投资者、债权人的有效沟通,强化产业链、供应链的有效链接,推动各方主体、各类资源、各种要素协同联动聚合发力,实现内外部利益相关者价值共生、共享。

——精益求精。深入践行全员、全要素、全价值链精益管理理念,强化精准投入、精细作业、精确评价,实现资源配置更优化、业务管控更科学、考核导向更明确,促进企业不断提高劳动、资本、技术、管理、数据等全要素生产率。

——技术赋能。主动运用大数据、人工智能、移动互联网、云计算、区块链等新技术，充分发挥财务作为天然数据中心的优势，推动财务管理从信息化向数字化、智能化转型，实现以核算场景为基础向业务场景为核心转换，努力成为企业数字化转型的先行者、引领者、推动者，为加快产业数字化、数字产业化注智赋能。

——坚守底线。严守财经法纪，确保会计信息真实可靠；严把合规关口，强化经营管理活动监督与控制，促进依法合规经营理念深入人心；坚持底线思维，严控财务边界，有效保障经营稳健、资产安全，牢牢守住不发生重大风险的底线。

（二）推动财务管理组织变革。

——健全职能配置。树立"大财务"观，坚持不缺位、不越位、不错位，建立健全各级财务职能和岗位设置，不断夯实财务报告、资金管控、税务管理等基础保障职能，深化拓展成本管控、投融资管理、资本运作等价值创造职能，确保财务资源科学配置、财务运作高效协同。

——优化管控模式。坚持集团化运作、集约化管理，强化集团重要财务规则制定权、重大财务事项管理权、重点经营活动监督权，实现集团对各级企业财务管控的"远程投放"和"标准化复制"；坚持因企施策、因业施策、因地制宜，区分不同业务特点、上市非上市、国际国内等情况，探索完善差异化管控模式，实现集中监管与放权授权相统一、管好与放活相统一。

——转变运行机制。结合数字化时代企业管理转型需要，探索推动财务运行机制从金字塔模式向前中后台模式转变，从流程驱动为主向流程驱动与数据驱动并重转变，努力实现管理层级扁平化、管理颗粒精细化、管理视角多维化、管理场景动态化、管理信息实时化，确保反应敏捷、运转高效。

——拓展服务对象。以资本和业务为纽带，将财务服务对象由单个企业或集团的利益相关者，延伸到整个产业链、供应链、生态链，促进数据、信息、技术、标准、金融等全方位协同融合,实现价值共生、共建、共享、共赢,努力促进企业成为产业发展的引领者、产业协同的组织者,助力打造原创技术"策源地"和现代产业链"链长"。

(三)推动财务管理机制变革。

——加强关键指标硬约束。坚持质量第一、效益优先,建立以资产负债率、净资产收益率、自由现金流、经济增加值等关键指标为核心的财务边界,科学测算投资、负债、利润、现金流等指标的平衡点,保持企业整体资本结构稳健、风险可控在控。

——加强资源配置硬约束。坚守主责主业,建立资本收益目标约束,限制资源流向盈利低、占资多、风险高的业务领域,加强金融、境外等重点领域管控,加快低效资本回笼、无效资本清理、亏损资本止损,促进资本布局动态优化。

——加强风控规则硬约束。统筹发展和安全,健全与公司治理架构及管控要求相适应的财务内控体系,扎紧扎牢制度的笼子,健全完善风险管理机制,以规则的确定性应对风险的不确定性。

——加强政策激励软引导。科学制定个性化、差异化指标体系和激励措施,统筹利用财务资源,促进企业更好发挥在落实国家安全、国计民生等重大战略任务中的主力军作用,加强对创新能力体系建设和前瞻性战略性新兴产业投入的支持,助力科技自立自强和国有经济布局优化。

(四)推动财务管理功能手段变革。

——支撑战略。科学配置财务资源,平衡好资本结构,建立由战略规划到年度预算、由预算到考核的闭环联动机制,推动上下贯通、协调一致,促进企业实现发展质量、结构、规模、速度、效益、安全的有机统一。

——支持决策。积极有效参与重大决策全过程,提供准确、高效、多维数据信息,主动、及时发表专业性、建设性意见,支持理性决策、科学决策。

——服务业务。主动融入业务事前、事中、事后全流程，有效识别业务改进的机会和目标，帮助解决业务痛点和难点，为生产运行优化赋能。

——创造价值。运用全面预算、成本管控、税务规划等有效工具，通过资金运作、资产管理、资源配置、资本运营等有效手段，主动创造财务价值，促进提升企业价值。

——防控风险。健全风险防控体系，加强源头治理，强化穿透监测，实现经营、财务风险精准识别、及时预警、有效处置，为企业持续健康发展保驾护航。

三、重点强化五项职能

（一）强化核算报告，实现合规精准。建立健全统一的财务核算和报告体系，统一集团内同行业、同板块、同业务的会计科目、会计政策和会计估计，统一核算标准和流程，确保会计核算和报告规范化、标准化。优化核算和报告信息系统，实现会计核算智能化、报表编制自动化。强化决算管理，通过财务决算复盘经营成果、全面清查财产、确认债权债务、核实资产质量。加强审计管理，依规选聘、统一管理中介机构，做好审计沟通协调，抓好审计问题整改，充分发挥审计作用。完善财务稽核机制，加强会计信息质量监督检查，对违规问题严肃惩戒。构建业财融合的财务报告分析体系，利用报表、数据、模型、管理会计工具，建立纵贯企业全部经营管理链条，覆盖各个产品、市场、项目等的多维度指标体系，开展价值跟踪分析，准确反映价值结果，深入揭示价值成因。探索研究利益相关方和行业利益共生报表，更好地用财务语言反映企业发展生态。

（二）强化资金管理，实现安全高效。加强司库管理体系顶层设计，科学制定总体规划，完善制度体系和管理架构，建立总部统筹、平台实施、基层执行"三位一体"的组织体系和"统一管理、分级授权"的管理模式。加快推进司库管理体系落地实施，将银行账户管理、资金集中、资金预算、债务融资、票据管理等重点业务纳入司库体系，强化信息归集、动态管理和统筹调度，实现对全集团资金的集约管理和动态监控，提高资金运营效率、降低资金成本、防控资金风险。逐步将司库管理延伸到境外企业,加强境外资金动态监测,实现"看得到、管得住"。切实加强"两金"管控和现金流管理,强化客户和供应商信用风险管理,减少资金占用,做到应收尽收、"颗粒归仓",实现收入、效益和经营现金流的协同增长。完善资金内控体系,将资金内控规则嵌入信息系统。建立健全资金舞弊、合规性、流动性、金融市场等风险监测预警机制。加强对担保、借款等重大事项的统一管理,严格落实各项监管规定。

（三）强化成本管控,实现精益科学。牢固树立过"紧日子"思想,坚持一切成本费用皆可控,坚持无预算不开支,健全全员、全要素、全价值链、全生命周期成本费用管控机制。注重源头管控,着力加强产品研发设计、工程造价等环节管理,实现前瞻性成本控制。抓好过程管控,通过科技创新、工艺优化、流程再造、采购协同、供应链管理、物流和营销渠道整合等方式,持续推进降本增效。创新管控方式,推进目标成本管理,强化对标管理,开展多维度成本分析。有效运用作业成本法、标准成本法、量本利分析、价值工程等工具,持续完善标准成本体系,细化成本定额标准。严控各项费用性开支和非生产性支出。强化考核激励,层层压实责任,激发内生动力。

（四）强化税务管理,实现规范高效。推进集团化税务管理,建立税务政策、资源、信息、数据的统筹调度和使用机制。加强财税政策研究,不断完善税务政策库、信息库,及时指导各级子企业用足用好优惠政策,做到"应缴尽缴,应享尽享"。完善对重大经营决策的税务支持机制,强化业务源头涉税事项管控,积极主动参与投资并购、改制重组等重大事项及新业务模式、交易架构、重大合同等前期设计规划,深入研判相关税务政策,提出专业意见。完善税务管理信息系统,努力实现税务管理工作流程、政策解读、计税规则等事项的统一,提高自动化处理水平。开展税务数据分析,挖掘税务数据价值。加强税务风险防控,分业务、分税种、分国别梳理涉税风险点,制定针对性防控措施,定期开展税务风险监督检查。注重加强境外税收政策研究和涉税事项管理,统筹风险控制与成本优化。

(五)强化资本运作,实现动态优化。加强制度和规则设计,立足国有经济布局优化和结构调整,服务企业战略,聚焦主责主业,遵循价值创造理念,尊重资本市场规律,适应财务承受能力,优化资本结构,激发资本活力。通过债务重组、破产重整、清算注销等法制化方式,主动减量;有效运用专业化整合、资产证券化等运作手段,盘活存量;有序推进改制上市、引战混改等改革措施,做优增量,促进资本在流动中增值,实现动态优化调整。加大"两非"剥离、"两资"清理工作力度,加快亏损企业治理、历史遗留问题处理,优化资产和业务质量,提升资本效益。强化上市公司管理,提升上市公司市值和价值创造能力。强化金融业务管理,严防脱实向虚,加大产融协同力度,实现产融衔接、以融促产。强化价值型、战略型股权管理,完善股权治理体系,优化股权业务结构、产业结构、地域结构,不断提高股权投资回报水平。强化参股企业管理,依法行使股东权责,严格财务监管,规范字号等无形资产使用,有效保障股东权益。

四、持续完善五大体系

(一)完善纵横贯通的全面预算管理体系。完善覆盖全部管理链条、全部企业和预算单元,跨部门协同、多方联动的全面预算组织体系、管理体系和制度体系,实现财务预算与业务、投资、薪酬等预算的有机融合。建立高效的资源配置机制,实现全面预算与企业战略、中长期发展规划紧密衔接。完善预算编制模型,优化预算指标体系,科学测算资本性支出预算,持续优化经营性支出预算,搭建匹配企业战略的中长期财务预测模型。统筹兼顾当期效益和中长期资本积累,以财务承受能力作为业务预算和投资预算的边界和红线。加强预算执行跟踪、监测、分析,及时纠偏。按照"无预算不开支、无预算不投资"原则,严控预算外经济行为。强化预算执行结果考核评价,增强刚性约束,实现闭环管理。

(二)完善全面有效的合规风控体系。建立健全财务内部控制体系,细化关键环节管控措施。提高自动控制水平,实现财务内控标准化、流程化、智能化。严格财务内控执行,定期开展有效性评价。严把合规关口,深度参与企业重要规章制度的制定,参与战略规划、改制重组、投资并购等重大事项决策,参与业务模式设计、项目评估、合同评审等重点环节,强化源头合规把控、过程合规管控、结果合规监控。完善债务风险、资金风险、投资风险、税务风险、汇率风险等各类风险管控体系,加强对重要子企业和重点业务管控,针对不同类型、不同程度的风险,建立分类、分级风险评估和应对机制。采用信息化、数字化手段,建立风险量化评估模型和动态监测预警机制,实现风险"早发现、早预警、早处置"。积极主动防范境外国有资产风险,合理安排境外资产负债结构,努力推动中高风险国家(地区)资产与负债相匹配,降低风险净敞口。加强财会监督与纪检、巡视、审计等监督主体的协同联动,形成合力。

(三)完善智能前瞻的财务数智体系。统筹制定全集团财务数字化转型规划,完善制度体系、组织体系和管控体系,加强跨部门、跨板块协同合作,建立智慧、敏捷、系统、深入、前瞻的数字化、智能化财务。统一底层架构、流程体系、数据规范,横向整合各财务系统、连接各业务系统,纵向贯通各级子企业,推进系统高度集成,避免数据孤岛,实现全集团"一张网、一个库、一朵云"。推动业财信息全面对接和整合,构建因果关系的数据结构,对生产、经营和投资活动实施主体化、全景化、全程化、实时化反映,实现业、财、技一体化管控和协同优化,推进经营决策由经验主导向数据和模型驱动转变。建立健全数据产生、采集、清洗、整合、分析和应用的全生命周期治理体系,完善数据标准、规则、组织、技术、模型,加强数据源端治理,提升数据质量,维护数据资产,激活数据价值。积极探索依托财务共享实现财务数字化转型的有效路径,推进共享模式、流程和技术创新,从核算共享向多领域共享延伸,从账务集中处理中心向企业数据中心演进,不断提高共享效率、拓展共享边界。加强系统、平台、数据安全管理,筑牢安全防护体系。具备条件的企业应探索建立基于自主可控体系的数字化、智能化财务。

（四）完善系统科学的财务管理能力评价体系。构建与企业战略和业务特点相适应、与财务管理规划和框架相匹配的财务管理能力评价体系，促进各级企业财务管理能力水平渐进改善、持续提升。科学设计评价指标，分类、分级制定评价标准、评价方式和分值权重。坚持导向性原则，充分满足财经法规约束和监管要求、体现财务管理发展目标；坚持系统性原则，覆盖全部财务管理职能要素、全级次企业、全业务板块，涵盖财务管理基本规范、过程表现及成效结果；坚持适用性原则，统筹通用性标准与个性化特点，根据不同子企业经营规模、业务特点等设置不同基础系数或差异化指标；坚持重要性原则，对重点子企业和关键流程，予以分值或权重倾斜。完善评价工作机制，建立健全制度体系、组织体系，深化评价结果应用。结合财务管理提升进程，动态优化评价体系。

（五）完善面向未来的财务人才队伍建设体系。健全财务人才选拔、培养、使用、管理和储备机制，打造政治过硬、作风优良、履职尽责、专业高效、充满活力的财务人才队伍，实现能力更多元、结构更优化，数量和质量充分适应时代进步、契合企业需求。科学构建与企业高质量发展目标相匹配的复合型财务人才能力提升框架，着重增强科学思维能力、创新提效能力、风险管控能力、统筹协调能力、国际经营能力。建立健全多层次财务人才培养培训体系。加强中高端财务人才队伍建设，提高中高级财务人才占比，推动财务人才结构从金字塔型向纺锤型转变。配强配优各级总会计师和财务部门负责人，深入开展重要子企业总会计师委派。加大轮岗交流力度，探索开展业务和项目派驻制。加强境外财务人才管理，全面落实向境外派出财务主管人员要求。加强履职管理，建立关键岗位任职资格要求和科学评价体系，强化正向引导激励，畅通职业发展通道。强化党建引领和文化建设，营造干事创业的良好环境，培养风清气正的团队氛围和健康向上的财务文化，推动财务人才不断提高政治素质和党性修养，坚守职业操守和道德底线。

五、做好组织实施

（一）加强组织领导。各中央企业要高度重视世界一流财务管理体系建设，强化组织领导，健全工作机制，主要负责人抓总负责，总会计师或分管财务工作负责人牵头落实，财务部门具体组织实施，各职能部门和各级子企业协同联动，共同推动落地见效。

（二）抓好贯彻落实。各中央企业要把建设世界一流财务管理体系列入重要议事日程，做好与各项改革发展工作的统筹结合，研究重大问题，把握改革方向，蹄疾步稳扎实推进。结合企业实际制定完善规划方案，明确工作目标，细化时间节点，分解工作任务，层层落实责任。

（三）强化培训交流。各中央企业要加强世界一流财务管理体系建设理念、方法、措施、任务的培训宣贯，统一思想，凝聚共识，营造良好氛围。深入总结企业财务管理先进经验，搭建沟通交流平台，对标先进找差距，相互交流促提升。鼓励具备条件的企业建立专门的财务研究机构。

（四）持续跟踪评估。各中央企业要将世界一流财务管理体系建设融入年度工作目标，及时跟进落地实施情况，分阶段评估执行效果，适当与企业内部绩效考核挂钩，探索建立财务管理提升的长效机制。

国资委将加强财务管理理论研究和实践总结，健全多层次财会人才队伍培训体系，适时开展成效评估，及时总结推广经验，加强工作指导，统筹推进落实。

国务院国资委

2022 年 2 月 18 日